AI大模型技术丛书

AI大模型在财会领域的应用

AI LARGE MODEL APPLICATION
IN FINANCE AND ACCOUNTING FIELD

徐荣华　余冰冰　吕阳　著

化学工业出版社
·北京·

内容简介

本书全面系统地阐述了人工智能（AI）大模型在财会领域的基础理论、关键技术、典型应用及未来走向。全书共分为四大部分：首先介绍了AI大模型的基本概念、发展历程及其在财会中的多场景应用基础；进而重点剖析了AI大模型在财务预测、风险管理与智能审计中的实际案例与技术实现，涵盖时间序列分析、深度学习、自然语言处理等多种方法；随后深入探讨了会计自动化处理与智能决策支持系统的构建与成效，体现AI在提升账务效率、报表生成和税务管理方面的价值；最后，本书直面数据安全、模型可解释性、系统集成等技术挑战，提出切实解决方案，并展望AI推动财会数字化转型的未来图景，包括财务流程重构、服务能力升级和行业生态创新。本书兼具理论高度与实践指导性，致力于推动智能财务研究和应用创新，为相关领域发展提供重要参考。

本书适合财会从业人员、企业管理者、信息技术研发人员、高校及科研院所相关专业师生阅读和使用。

图书在版编目（CIP）数据

AI大模型在财会领域的应用 / 徐荣华，余冰冰，吕阳著. -- 北京 : 化学工业出版社，2025. 12. -- (AI大模型技术丛书). -- ISBN 978-7-122-49258-6

Ⅰ. F234.4-39

中国国家版本馆CIP数据核字第2025KV3262号

责任编辑：李佳伶　　装帧设计：王晓宇
责任校对：宋　玮

出版发行：化学工业出版社
（北京市东城区青年湖南街13号　邮政编码100011）
印　　装：北京云浩印刷有限责任公司
710mm×1000mm　1/16　印张9¾　字数167千字
2026年3月北京第1版第1次印刷

购书咨询：010-64518888　　售后服务：010-64518899
网　　址：http://www.cip.com.cn
凡购买本书，如有缺损质量问题，本社销售中心负责调换。

定　　价：68.00元

PREFACE 前言

随着人工智能（AI）技术的迅猛发展，尤其是大模型在自然语言处理、多模态学习与复杂决策任务中的突破性进展，各行各业正迎来前所未有的智能化变革。2025年8月，国务院正式发布《关于深入实施“人工智能+”行动的意见》（国发〔2025〕11号）的文件，明确提出推动人工智能与经济社会各行业各领域广泛深度融合，以加快形成人机协同、跨界融合、共创分享的智能经济和智能社会新形态。人工智能发展实现从技术突破向全要素赋能的关键跃升，不仅为人工智能技术的发展与应用提供了系统性规划，也为财会领域的数字化转型与智能化升级指明了方向。财会领域作为企业运营与管理的核心环节，其数字化转型进程不仅关乎效率提升，更直接影响战略决策的质量与组织竞争力的构建。在国家政策与技术创新的双轮驱动下，人工智能大模型技术逐渐展现出在财务预测、风险管理、审计自动化、智能核算与决策支持等方面的巨大潜力，成为推动财会职能从“事务处理”向“价值创造”转型的关键力量。

本书正是在这一时代背景下应运而生。书中系统梳理了人工智能大模型的基本原理与技术架构，并结合财会专业的实际场景，深入探讨其在不同模块中的落地路径与实践成效。本书不仅立足于技术介绍的层面，更注重从管理需求、业务流程与风险控制等多个维度，构建“技术 - 组织 - 业务”三位一体的分析框架，力图体现理论严谨性、实践适用性与未来导向性的统一。全书共分为10章。第1章为引言，阐明数字化转型对财会职能重塑的宏观背景与人工智能大模型的基本概念；第2章系统阐述大模型的基础技术及其在财会中的通用应用场景；第3～7章分别围绕财务预测、风险管理、智能审计、自动化账务处理及决策支持五大核心职能展开，结合经典模型、真实案例与数据验证，详细分析大模型所带来的范式创新与效能提升；第8章客观讨论当前应用过程中面临的数据安全、模型可解释性与系统集成等技术与管理挑战，并提出应对思路；第 9 章展望大模型驱动下财会职能的未来演变趋势；第 10 章则从实践推进的角度，提出系统化的实施建议与发展路径。

本书旨在为财会领域的学者、高校师生、企业财务管理者、信息系统架构师以及相关政策制定者提供一份体系完备、内容前沿的参考资料。我们期望本书不仅能够帮助读者理解人工智能大模型的技术本质，更能激发读者关于智能财务体系构建、组织能力升级与行业生态演进的深入思考。在撰写过程中，我们力求内容科学严谨、逻辑清晰、案例翔实，但由于技术迭代迅速、应用场景不断拓展，书中难免存在不足之处，恳请广大读者批评指正，共同推动该领域的理论创新与实践发展。

谨以此书，献给所有致力于财会数字化转型与智能时代管理的探索者。

著者

2025 年 9 月

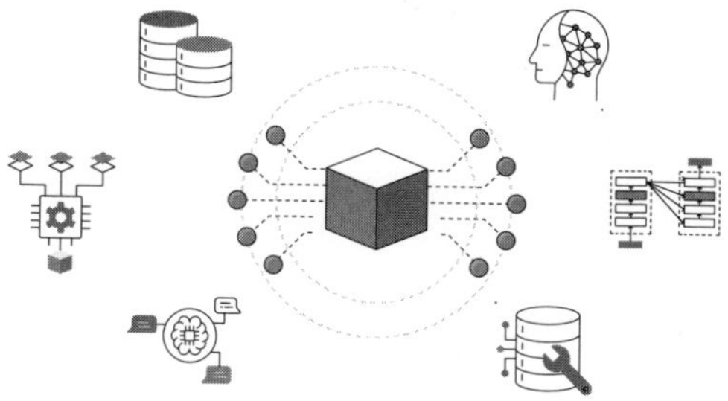

目录

第一部分　引言与基础

第二部分 AI 大模型在财务领域的应用

第四部分　AI 技术应用的挑战与未来发展

第一部分　引言与基础

1. 引言

1956 年，约翰・麦卡锡等人在达特茅斯会议上首次提出人工智能（Artificial Intelligence，AI）的概念，主要模拟、延伸和扩展人类智能的一整套理论、方法、技术及应用系统。人工智能的研究涉及机器人、语音识别、计算机视觉、自然语言处理、专家系统和机器学习等领域，旨在通过一定的学习和训练，使计算机能够模拟人类感知、认知等智能行为，从而完成一定的任务。

2022 年 11 月，总部在美国旧金山的 OpenAI 公司推出的一款人工智能对话聊天机器人 ChatGPT 问世，它凭借出色的自然语言生成能力吸引了全世界范围的广泛关注，短短 2 个月突破 1 亿用户。随后，文心一言、Copilot、LLaMA、SAM、Gemini、SORA、DeepSeek 等各种大模型接踵而至，在世界范围内掀起了一场大模型浪潮。其中，DeepSeek 作为国内领先的推理型大模型，凭借其卓越的逻辑推理能力和在复杂问题解决方面的优势，在财会领域展现出独特的应用价值。借助于计算能力和大规模数据训练模型的技术，这些生成式大语言模型（Large Language Model，LLM）通过扩大预训练语言模型的规模和训练数据的范围，能够学习掌握更加复杂和精细的语言表示，进而展现出强大的语言生成和理解能力。

AI 大模型技术的快速发展，带来了经济社会的深刻变革。随着 AI 大模型应用领域不断拓展，应用水平不断提高，服务管理与用户的能力不断增强，以及推动管理思维与模式的变革与创新程度不断深化，AI 大模型时代已经到来。其中，AI 大模型在财会领域的应用更是有目共睹、可圈可点，突出体现在会计核算自动化、财务流程数智化、财务报告呈现可视化、财务分析实时化以及管理决策智能化。

1.1 数字化转型与财会领域的变革

数据、算法、算力是决定 AI 大模型应用的重要因素，其中，数据是基础，算法是核心，算力是保障。作为基础条件的大数据在经济社会发展中的作用，一直得到党中央、国务院高度重视。党的十八届五中全会提出“实施国家大数据战略”，国务院印发《促进大数据发展行动纲要》，全面推进大数据发展，加快向“数据强国”迈进。工业和信息化部《大数据产业发展规划（2016-2020 年）》开篇指出：数据是国家基础性战略资源，是 21 世纪的“钻石矿”。党的二十届三中全会特别强调将数据作为数字化转型核心资源的地位，提出要大力发展人工智能、大数据等先进信息技术，推动生产方式、生活方式和社会治理方式的根本性转变。可以预见，以 AI 大模型为代表的新质生产力的崛起，会深刻影响和推动新一轮科技革命和产业变革。

数字化转型（Digital Transformation）是一种基于新一代信息与通信技术（ICT）整合到业务流程的数字化演化过程，通过引进渐进性及革新的数字化技术手段，对企业文化、组织架构、运营管理、员工技能、客户体验以及基础设施进行深度改造，旨在帮助企业适应并驾驭数字化环境，从而孕育出新颖的商业模式和核心竞争优势。

国务院《“十四五”数字经济发展规划》（以下简称《规划》），明确了“十四五”时期推动数字经济健康发展的指导思想、基本原则、发展目标、重点任务和保障措施。《规划》以数据为关键要素，以数字技术与实体经济深度融合为主线，加强数字基础设施建设，完善数字经济治理体系，协同推进数字产业化和产业数字化，赋能传统产业转型升级，培育新产业新业态新模式，不断做强做优做大我国数字经济，为构建数字中国提供有力支撑。按照《规划》的要求，为“数字产业化、产业数字化”厘清了具体思路和指导方针，也为数字化转型提供了根本遵循。

数字化转型的核心在于运用数字技术对企业进行全方位、系统化的重塑。同时，数字化转型是一项长期且系统的工程，企业组织需要在技术驾驭、业务流程优化与创新、组织变革、文化重塑等方面持续发力，以适应数字经济发展。数字化转型的内涵与阶段如图 1-1 所示。

数字化转型的内涵包括业务数字化、流程数字化和信息数字化。从会计职业诞生之日起，就需要不断与企业业务流程进行深度融合，这是会计职能本身所提出的内在要求。但在很长一段时期，由于业务的复杂性和多样性，会计核算耗用了大量时间，难以嵌入业务流程。新一代信息与通信技术的发展，恰恰为会计融入业务创造了必然的条件。在此背景下，随着业财融合的加剧，会计与业务的结合度不断加强，与业务的边界趋于模糊，从而以信息流反映资金流，以资金流控制业务流，在深谙业务逻辑的基础上发挥作用。

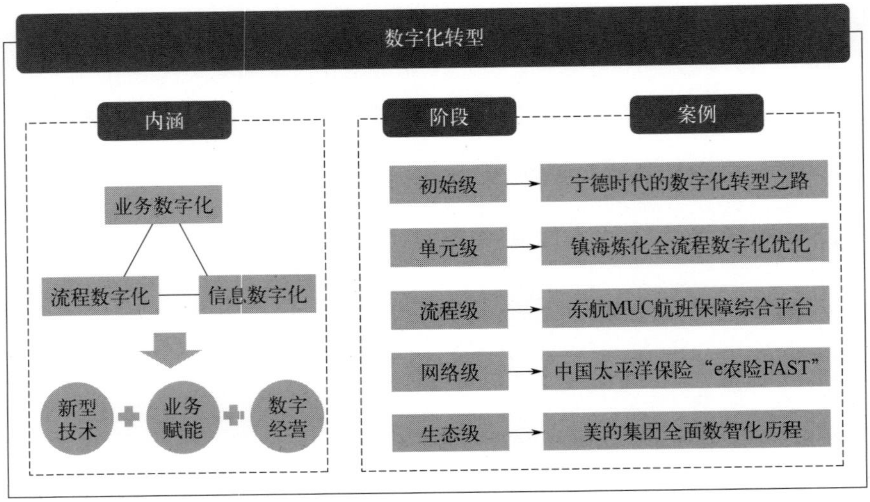

图 1-1 数字化转型的内涵与阶段

数字化转型的具体阶段如下：

① 初始级发展阶段。在单一职能范围内，企业初步开展了信息技术应用，但尚未有效发挥信息技术对主要经营业务的支持作用。例如，宁德时代的数字化转型之路。宁德时代在 2012 年成为华晨宝马大中华地区的唯一电池供应商后，面对市场需求的暴增，开启了数字化转型之路。2014 年，宁德时代开始对管理信息系统进行升级，导入 SAP 的 ERP（企业资源计划）、SRM（供应商关系管理）和 CRM（客户关系管理）系统，实施数字化转型的变革。

② 单元级发展阶段。在主要或若干主营业务单一职能范围内，企业开展了信息技术应用，提高了相关单项业务的运行规范性和效率。例如，中石化镇海炼化全流程数字化优化。镇海炼化通过采用国际先进的工艺流程和自动化装备，配置智能仪表，构建覆盖全厂的网络架构、4G 无线专网以及大型云数据中心，实现了全流程优化、线上协同优化等，提高了运行效率和精益管理。

③ 流程级发展阶段。在跨职能或跨部门的业务流程中，企业广泛应用信息技术，优化和重组业务流程，提升业务流程的协同效率，例如，东航 MUC 航班保障综合平台，东航集团通过建立 MUC 航班保障综合平台，实现了航班保障流程的数字化，提升了航班保障的效率和质量。

④ 网络级发展阶段。在全组织范围内以及与组织外部合作伙伴之间，企业广泛应用信息技术，构建网络化协同平台，实现资源的动态配置和全局优化。例如，中国太平洋保险"e 农险 FAST"。中国太平洋财产保险股份有限公司打造的"e 农险 FAST"，运用互联网技术实现承保、理赔信息一键发布，

提供气象预警和气象证明敏捷服务，实现了农业保险服务的现代化运作和管理。

⑤ 生态级发展阶段。在更广泛的行业生态中，企业应用信息技术，构建数字化生态平台，实现行业资源的高效配置和生态共赢，例如，美的集团数字化历程。美的集团从产品开发、订单交付标准化开始，经历了“互联网 +”时代、数字化 2.0 时代、工业互联网时代，最终在 2019 ～ 2020 年完成了全面数字化和智能化，实现了工业互联网、全面数字化、全面智能化，产品的智能化功能也在这个阶段完成。

以上案例展示了不同企业在数字化转型过程中的实践和成果，从初步的信息系统升级到全面的数字化和智能化，体现了数字化转型的深度和广度。由此可以看出，数字化转型是一个不断融合业务、嵌入业务、服务业务、引导业务乃至改造业务的过程。

1.2 人工智能大模型简介

1.2.1 AI 大模型内涵

随着人工智能技术的不断进步，AI 大模型以其强大的数据处理、自然语言理解及深度学习能力，在财会领域展现出巨大的应用潜力。AI 大模型是指使用大规模数据和强大的计算能力训练出来的“大参数”模型，这些模型通常具有高度的通用性和泛化能力，可以应用于自然语言处理、图像识别、语音识别等领域，可分为大语言模型、视觉大模型、多模态大模型、基础大模型。AI 大模型具备“大规模”和“预训练”属性，具有更强的语言理解能力、更全面的知识储备、复杂的训练过程和高昂的成本及可能存在的偏差。

1.2.2 AI 大模型发展历程

回顾 AI 大模型的发展历程，主要经历了三个阶段：

（1）萌芽阶段

从 1956 年达特茅斯会议确立人工智能学科开始，AI 技术经历了从早期的符号处理和专家系统到神经网络的初步探索，再到深度学习的兴起和大模型的发展。1958 年，感知器的发明标志着机器学习算法的诞生。1980 年代，卷积神经网络（CNN）和循环神经网络（RNN）的提出为图像识别和序列数据处理提供了新方法。进入 21 世纪，随着计算能力的提升，特别是 GPU 的应用，深度学习模型如多层感知机（MLP）、长短时记忆网络（LSTM）和门控循环单元（GRU）等开始崛起。2006 年，Geoffrey Hinton（杰弗里 • 辛顿）提出的逐层预训练方法，使得深层神经网络的训练成为可能，这标志着深度学习时代的到来。随后，预训练和微调的方法在自然语言处理（NLP）领域得到广泛应用，BERT 和 GPT 系列模型出现，通过在大规模数据集上的预训练，然后在特定任务上进行微调，实现了在多个任务上的突破，推动了 AI 大模型技术的快速发展。

（2）探索阶段

2007 ～ 2018 年，人工智能大模型技术经历了显著的发展和变革。这一时期，深度学习算法的突破性进展，尤其是 2006 年杰弗里 • 辛顿提出的逐层无监督预训练方法，为后续 AI 大模型的发展奠定了基础。2013 年，自然语言处理模型 Word2Vec 的诞生，首次提出了将单词转换为向量的“词向量模型”，使得计算机能更好地理解和处理文本数据。2014 年，生成对抗网络（GAN）的提出，标志着深度学习进入了生成模型研究的新阶段。2017 年，Google 提出的 Transformer 架构，以其自注意力机制，为大模型预训练算法架构奠定了基础。2018 年，OpenAI 和 Google 分别发布了 GPT-1 与 BERT 大模型，这不仅意味着预训练大模型成为自然语言处理领域的主流，也标志着 AI 大模型技术进入了新的发展阶段。这些模型通过在大规模数据集上进行预训练，获得了强大的语言生成和理解能力，为 AI 大模型在各个领域的应用提供了广阔的空间。此外，模型的基座设计也出现了多样化，包括仅包含解码器的自回归模型、仅包含编码器的自编码模型，以及编码器—解码器结构。这些技术的发展，不仅提升了模型的性能，也为多模态融合和跨领域应用打下了坚实的基础。

（3）发展阶段

2019 年至今，AI 大模型技术经历了显著的发展和变革。2019 年，百度发布了文心大模型 1.0，随后在 2024 年推出了文心大模型 4.0 Turbo，这标志着基础模型的持续迭代和智能体技术的进化，这些技术使得大模型能够在产业应用中落地并完成高复杂性任务。在这一时期，AI 大模型的应用场景不断扩大，从金融、政务到医疗、智慧城市等多个领域都开始初步应用 AI 大模型。2024 年，腾讯研究院等机构发布的报告指出，AI 大模型正在推动社会进入“机器外脑”时代，AI 在推理分析、创意生成和情绪智能三个方向上实现了实质性的飞跃。此外，AI 大模型的快速发展主要由语言大模型相关技术引领，Transformer 架构成为主流，关键技术如基于人类反馈的强化学习、指令微调、模型提示等持续演进。AI 大模型已经开始在各行各业中广泛应用，如金融、医疗等领域，提升服务质量和效率。同时，AI 大模型产业也面临着算力瓶颈、资源消耗和训练数据不足等挑战。未来，云侧与端侧模型的分化、通用与专用模型的并存、大模型开源和芯片技术升级将成为 AI 大模型产业的主要发展趋势。AI 大模型的技术发展历程如图 1-2 所示。

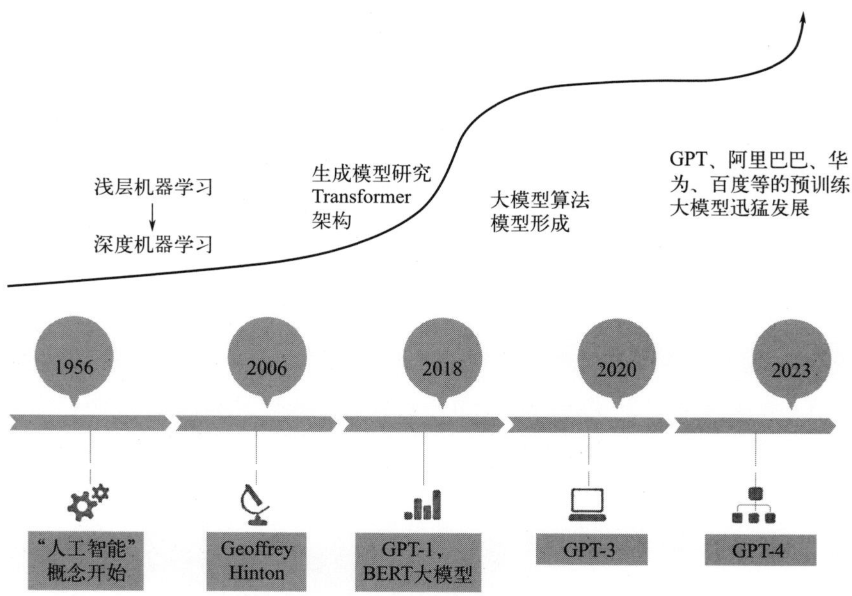

图 1-2 AI 大模型的技术发展历程示意图

1.2.3 AI 大模型的应用

按应用领域，AI 大模型可分为自然语言处理（NLP）模型，例如 BERT、GPT 等，这些模型在处理和理解人类语言方面表现出色，广泛应用于文本分类、情感分析、机器翻译、文本生成等任务；计算机视觉（CV）模型，例如 YOLO、Mask R-CNN 等，这些模型专注于图像和视频数据的处理和分析，广泛应用于目标检测、图像分类、图像生成、视频理解等任务；多模态模型，例如 CLIP、ViLT、BLIP 等，这些模型更为全面地理解跨模态内容，从而实现更为丰富的应用场景。

在财会领域，AI 大模型的应用可以通过自动化、智能化的方式推动，主要涉及以下几个方面：

① 财务智能分析。AI 技术可以利用机器学习和数据挖掘算法，自动处理和分析海量数据，包括财务报表、市场数据、经济指标等。通过训练模型，AI 可以识别数据中的模式和趋势，为决策提供有力支持。例如，利用自然语言处理（NLP）技术，AI 可以从非结构化数据中提取有价值的信息，进一步丰富分析结果。

② 风险评估与欺诈检测。AI 可以通过深度学习模型，实时监控交易和行为数据，识别异常模式。例如，在信用卡交易中检测异常消费，在贷款申请中识别虚假信息等。通过不断学习新的欺诈手段，AI 模型可以保持高效的欺诈检测能力，提高金融欺诈检测的准确率，降低金融损失。

③ 自动化客户服务。AI 客服机器人利用自然语言处理和语音识别技术，可以实时解答客户的常见问题，提供个性化的服务。这种自动化客户服务方式不仅提高了效率，还能满足 7×24 小时的服务需求。

④ 自动化报告生成。AI 大模型技术可以生成财务报告和其他财务文档。例如，通过搭建财务资料知识库等方式，初步实现相关报告的自动生成。尽管如此，目前 AI 生成的财务报告仍存在数据出错、内容偏差等问题，暂时无法完全替代人工。

⑤ 智能财务流程。AI 大模型技术能够重构财务管理流程，实现财务流程的自动化和智能化。例如，通过 RAG（检索增强生成）转变为 Agent（智能体），所有的企业财务管理流程都可以自动编排，从而实现“超级自动化”。

随着 AI 大模型技术的发展，财务管理将从复式记账转向超级自动化。财务管理价值模型从陀螺型向沙漏型转变，财务人员在计划与控制领域从依赖经验预测转向精准预测，企业经营决策从财务数据专享转向财务信息普惠与财务信息赋能。然而，AI 大模型技术在推动企业财务管理数智化转型方面仍需解决数据出错、内容偏差等问题，需要进一步优化和改进。

将 AI 大模型应用于财会领域的实践工作中，可以充分利用其数据处理和自然语言理解的优势，实现对数据的快速、准确分析。不仅可以大幅提高管理工作的效率，降低管理成本，还能有效增强管理的精细化、精准化和科学化特性。并且 AI 大模型还能通过不断学习和优化，提高自身的准确性和时效性，为管理工作提供更加精准的决策支持。

本书将构建适用于财会领域的 AI 大模型，探索 AI 大模型在财会领域中的具体应用路径，评估 AI 大模型对财会领域管理工作的提升效果。具体来看，AI 大模型在财会领域的应用流程主要包括以下几个步骤：

① 实体信息提取（Entity Information Extraction）。实体信息提取功能是 AI 大模型应用过程中的重要环节。从非结构化文本数据中自动识别和提取具有特定意义的实体，如人名、地名、性别、年龄、学历、收入、消费等。根据工作目标和对象特点，构建特定数据库，并筛选出相关实体数据。这些实体数据对于数据分析、风险评估和决策制定具有重要意义。

② 非结构化数据转换为结构化数据。非结构化数据转换为结构化数据是审计过程中的关键步骤，将大量的非结构化文本数据转换成标准统一、安全合规的结构化数据，可以为后续的数据分析和审计实践提供有力支持。利用大语言模型的自然语言处理技术（NLP），将非结构化数据转换为结构化数据，通过大语言模型的信息抽取、文本纠错等技术手段，确保转换后的数据标准统一、安全合规。

③ AI 大模型的构建与运用。AI 大模型的构建与运用能够深入理解文本和语义的复杂性，具备较强的知识集成与推理能力，为财会领域管理实践提供智能化支持。基于历史数据，设定并检验关联变量的逻辑关系。通过文本数据训练 AI 大模型，提高其知识集成与推理能力。将训练好的 AI 大模型应用于具体实践，检验其效果并不断优化。AI 大模型在财会领域的应用流程如图 1-3 所示。

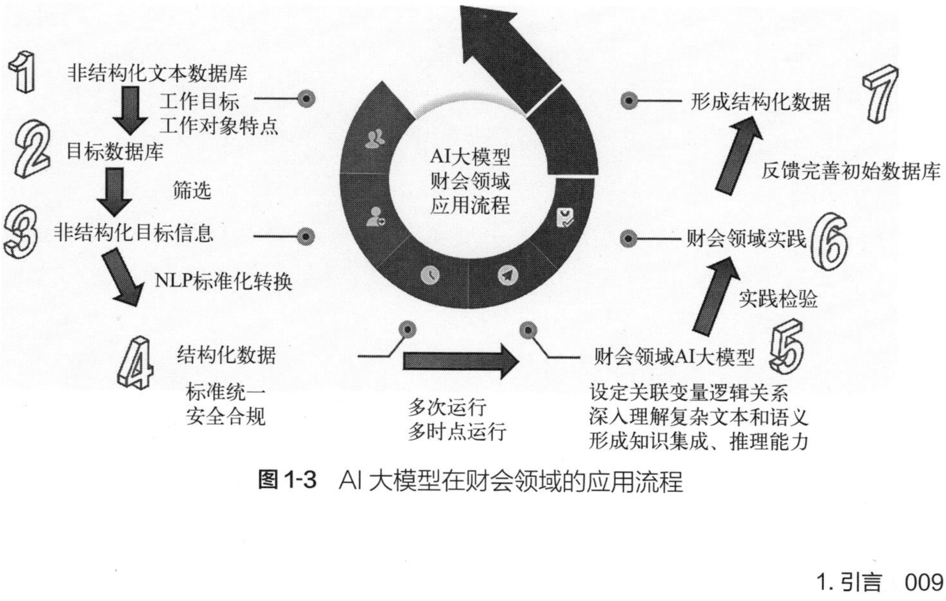

图 1-3　AI 大模型在财会领域的应用流程

1.3 本书结构与内容概述

本书共 10 章，涉及引言与基础、AI 大模型在财务领域的应用、AI 大模型在会计领域的应用以及 AI 技术应用的挑战与未来发展四部分内容。其中，引言与基础包括第 1 章、第 2 章的内容；AI 大模型在财务领域的应用包括第 3 ～ 5 章的内容；AI 大模型在会计领域的应用包括第 6 章、第 7 章的内容；AI 技术应用的挑战与未来发展包括第 8 ～ 10 章的内容。整体结构如图 1-4 所示。

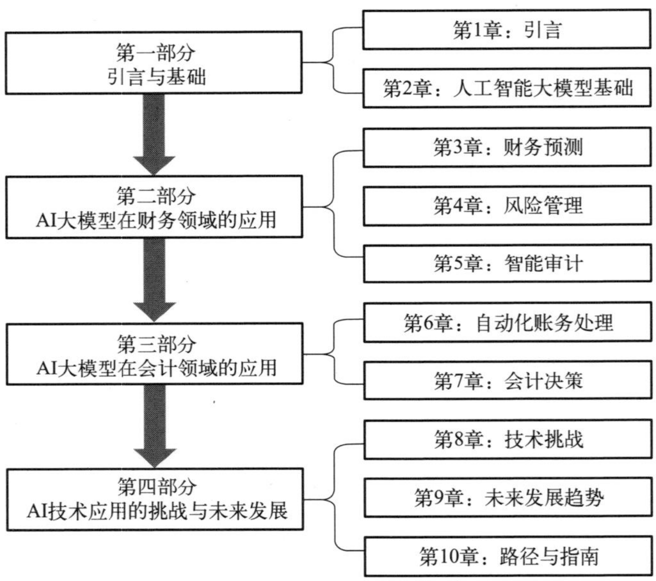

图 1-4 本书结构与内容

第 1 章，引言。本章主要介绍数字化转型与财会领域的变革以及人工智能大模型。

第 2 章，人工智能大模型基础。本章系统地介绍了人工智能大模型的基础，包括其定义与分类、核心技术以及在财会领域的多场景应用。通过梳理大模型的定义与发展，我们了解到大模型不仅是深度学习的高级形式，还是处理海量数据和复杂任务的重要工具。

第 3 章，财务预测。本章探讨财务预测的概念、传统方法的局限性以及 AI 大模型在该领域的应用。AI 大模型通过时间序列分析、深度学习等技术，提高了预测的准确性和效率。详细介绍了 ARIMA、LSTM 等模型在股票价格、销售预测等方面的应用，并探讨了混合模型、自动化工具在财务预测中的优势。

第 4 章，风险管理。本章介绍了风险管理的基本概念，探讨了风险管理的重要性。从信用风险、市场风险和操作风险三个角度，分析 AI 大模型在风险管理中的具体应用。建设 AI 大模型信用风险管理系统，优化 AI 大模型市场风险管理系统，整合优化 AI 大模型市场风险管理系统，以数字技术与风险管理深度融合为抓手，打造具有业财数据丰富化、交易处理自动化、风险洞察实时化、决策模型定制化的数智化风险管理系统。

第 5 章，智能审计。本章从传统审计面临的挑战出发，结合当下 AI 与大数据时代的全面到来，介绍了 AI 大模型在审计中应用的可行性、必要性和应用场景。通过理论和实践充分证明 AI 在审计计划、实施、报告和整改这四个审计阶段的关键节点所能够起到的关键作用。同时，介绍了 AI 大数据赋能审计信息化流程优化的三个发展阶段，通过智能审计方法在两家单位的实际应用及成效，展现了现阶段受限于技术和数据取得不易等因素影响的情况下，AI 智能审计仍然得到了蓬勃发展的景象。

第 6 章，自动化账务处理。本章介绍了会计自动化的发展历程，AI 大模型推动了这一进程加速。在智能账务处理方面，AI 大模型通过自然语言处理等技术，实现了凭证录入、结账等流程的自动化，减轻了会计人员的工作压力，提高了工作效率。同时，智能报表生成功能使得会计人员能够通过简单的自然语言查询，快速获得所需的分析图表，大大提升了数据分析的效率，并实现了财务报表的实时化、可视化、个性化。此外，AI 大模型通过数据挖掘和分析，实现了对税务数据的智能化处理，提高了税务风险管理的效率和准确性。

第 7 章，会计决策。本章介绍了会计决策的内涵，并以制造型企业为例阐述会计决策遇到的内部因素和外部因素的挑战，以及 AI 大模型对会计决策的赋能展望。

第 8 章，技术挑战。本章阐述了 AI 大模型的三大挑战：一是数据隐私与安全，具有数据泄露风险、黑客攻击与病毒感染风险、未经授权的访问等风险。二是模型可解释性与透明性，可解释性指的是 AI 模型的决策过程能够被人类理解和解释，透明性则是指 AI 模型的决策过程可以被公开和审查。三是技术整合与实施难题，有数据标准化和集成、业务流程与系统集成、技术能力和培训等挑战。同时，提出解决思路。

第9章，未来发展趋势。本章介绍了AI大模型在财会领域的三大发展趋势：拓展与深化财务应用领域；提升与增强财务服务能力；推动和促进财务变革与创新。

第 10 章，路径与指南。本章节以前瞻性的视角，提出财会领域的 AI 大模型发展应用在工作场景、处理流程、审批服务、决策过程、交互界面、信息共享、防范能力等七个方面的设想，并概括了数据、技术、交互、安全等四个层面的关键成功因素，为相关研究提供路径参考。同时，在实践层面，从价值体现、准确程度、使用成本、安全风险四个领域提出切实可行的建议与指南，旨在推动智能财务理论研究和应用实践的发展创新，激发新质生产力的发展和财会领域的数字化转型。

2. 人工智能大模型基础

2.1 大模型的定义与分类

2.1.1 大模型的定义

在现代人工智能领域中，“大模型”通常指拥有数亿甚至数万亿参数的深度学习模型。这些模型通过大规模的自监督学习方式，在海量数据中捕捉和学习丰富的知识，以应对广泛的任务。对财会工作者来说，拥有庞大数据处理能力的大模型能够显著提升财务分析、文本生成等工作效率。在财务领域，众多应用场景都需要从大量的非结构化数据中提取有价值的洞察，这些数据包括文本语料库和图像等。通过分析这些非结构化数据，可以更深入地理解市场趋势、风险因素以及业务表现。大模型不仅能够优化信息提取和风险监测的精准性，还能对数据流进行实时分析，支持企业在动态环境中作出敏捷决策。基于这样的需求，大模型在财会行业中具备广阔的应用前景，进一步加速了财会领域的自动化进程。

2.1.2 大模型的分类

根据大模型的架构特点、应用场景和训练方式，大致可以分为以下几类：自然语言处理（NLP）模型（如 GPT、BERT 等）、生成模型（如 GAN、扩散模型等）、多模态模型以及专用任务模型。此外，还可以按照推理能力将模型分为理解型和生成型。以下是对各类模型的详细介绍及其在财会领域的应用潜力介绍。

（1）自然语言处理（NLP）模型

自然语言处理（NLP）模型是大模型领域最成熟的模型之一，适用于各种文本处理任务，如文本分类、信息抽取、情感分析和生成式任务。近年来，基于Transformer架构的模型已经成为NLP的核心支柱（如BERT和GPT）。这些模型利用自注意力机制高效地捕捉上下文关系，结合语料库分析历史财务信息，自动提取关键数据并预测未来的财务走势，帮助企业及投资者及时作出决策。此外，这些模型还能用于高频交易分析，通过提取最新市场信息支持即时交易决策。在市场分析和舆情监测等方面，NLP模型也起到重要作用。

以BERT模型为例，其核心优势在于其卓越的双向上下文学习能力。该模型利用掩码语言模型（Masked Language Model，MLM）和下一句预测机制在多种理解任务中表现优异。BERT在财会领域中可以被应用于处理合同文本、财务报告等，它能够自动提取出关键的财务数据。例如，在年报分析中，BERT可以识别出公司面临的重大财务事项和风险因素，为管理者提供即时信息。此外，BERT在理解自然语言方面的优势也使其成为情感分析的理想工具，帮助投资者或管理者实时把握市场情绪和舆论变化。GPT系列模型是生成式NLP模型中的代表，它能够依据已有的文本内容续写具有高度连贯性的句子，从而在财务报告生成、审计文本撰写等场景中使用，节约人力成本，提高效率。此外，GPT模型还能自动生成回答，协助财会人员高效处理财务咨询。

（2）生成模型

生成对抗网络（GAN）由生成器和判别器两个对抗性网络构成，通过生成并识别虚拟数据的真实性，制造出非常逼真的数据。该技术在财会数据合成、欺诈检测等方面具有较大的应用潜力。在财会领域，数据缺失和异常是常见问题。GAN可以用于生成时间序列数据，帮助财务预测模型提升稳定性。例如，在历史交易数据不完整或数据稀缺的情况下，GAN生成的合成数据能够补充时间序列模型的训练集，从而提高其预测性能，弥补数据不足或增强模型的训练效果。

在财务审计中，GAN可以生成不同风险等级的虚拟交易记录，从而构建一个更全面的训练集，构建一个更可靠的审计异常检测模型。在企业内部审计中，GAN模型能用于生成异常交易行为的模拟数据，帮助识别出潜在的财务欺诈风险。类似地，通过生成具有欺诈特征的交易记录，GAN可以辅助反洗钱系统的建设。在构建反洗钱模型时，难以获取真实的欺诈交易数据，而GAN生成的合成欺诈交易可以有效补充训练数据集，提升检测模型的识别准确性。银行及金融机构可以通过GAN构建更加高效的反欺诈审计系统。

（3）多模态模型

多模态模型整合了不同模态的数据特征，能够处理如文本、图像、语音和视频等多种数据类型的输入，特别适用于多源数据融合下的财务情境。多模态模型例如CLIP（Contrastive Language-Image Pre-training）已成功应用于跨模态任务中。

在财会领域，人们越来越关注如何利用这些模型来处理复杂文档。通过多模态模型的图像识别功能，企业能够从图表、票据和发票等图片中提取关键信息。对图像的处理有助于在票据和图表繁多的情况下，实现自动化分类并简化数据管理流程。例如，通过处理发票图像和财务文档，多模态模型能够快速提取出时间、金额和类别等关键信息，从而提升数据分析的效率和准确性。多模态模型通过整合文本和图像数据，实现发票、合同和报表等财务文件的自动分类与识别，实现发票验证、自动化分类和合同条款抽取等功能。这类应用在财务流程自动化中具有广泛前景，能够减少手动输入错误，并加速财务审计流程。此外，多模态模型可将社交媒体数据与财务信息结合，支持企业进行市场趋势预测。通过对市场评论与财务数据的联合分析，模型能够挖掘出潜在的市场情绪，为投资者或管理者提供市场走势的参考。在股票市场中，这种整合分析能够帮助投资者判断市场情绪是否正向或负向，从而辅助决策。

（4）专用任务模型

专用任务模型是为了解决特定问题而设计的，例如时间序列分析领域中的长短时记忆网络（Long Short-Term Memory，LSTM）和门控循环单元（Gated Recurrent Units，GRU）。这类模型在处理时间序列和动态数据方面性能较高，尤其适用于财务预测、现金流分析等领域。时间序列模型因其处理连续数据的能力而备受青睐，尤其在财务预测和现金流管理等场景中展现出了显著的优势。例如，LSTM模型以其记忆单元结构处理长期依赖关系，是现金流预测和投资回报分析的理想选择。在财务分析中，LSTM能够捕捉历史现金流变化规律，从而预测未来现金流动趋势，支持企业在流动资金管理方面做出决策。与LSTM相似，GRU模型在内存效率上有进一步优化，因而适用于数据量较大的金融预测任务。在短期金融市场预测中，GRU因其更低的计算复杂度而被广泛应用，特别是在股票交易数据预测中。

除了传统的时间序列模型，强化学习模型也是专用任务模型中的重要组成部分。强化学习（Reinforcement Learning，RL）模型通过模拟试错过程获得最优策略，在财务投资组合管理、贷款决策等场景中具有良好的应用潜力。例如，强化学习模型通过不断学习股票市场的动态变化来调整投资策略，从而实现最优投资组合配置。对于财会从业者来说，这种模型能够显著提高企业在动态市场中的应对能力。此外，强化学习模型还可用于信贷决策支持。通过构建信用评分系统，RL 模型能够根据历史客户数据优化贷款审批过程，识别高风险客户，降低不良贷款率。例如，RL 模型通过构建客户信用评分系统，使金融机构能在实时动态环境下调整信贷政策，从而提高贷款回收率。

专用任务模型在金融风险管理中也有广泛应用，特别是基于 LSTM、GRU 和强化学习的组合模型。比如，通过 LSTM 捕捉历史财务数据的规律，再结合强化学习的动态优化能力，可以构建出更加智能化的风险预警系统。这些模型在信用风险评估、市场风险预测等方面均表现出较强的适应性和稳定性，帮助企业更好地规避潜在风险。

从以上分类和具体应用可以看出，大模型的强大之处在于其适应各种复杂任务的能力。尽管各类大模型具有独特的技术特征与应用方向，但它们在财会领域的潜力仍然未被完全发掘。随着技术的不断迭代和新型算法的出现，这些模型在数据处理、风险管理、决策支持等领域将获得更大的应用空间。

2.2 大模型的核心技术

大模型的发展离不开底层技术的支持，核心技术包括自注意力机制、并行计算与分布式训练、预训练和微调策略，以及模型压缩与优化等。这些技术不仅为大模型提供了强大的计算能力和精准的数据处理能力，还为其在财会领域的多场景应用奠定了基础。

（1）自注意力机制（Self-Attention Mechanism）

自注意力机制是 Transformer 架构的核心，它使得模型在处理序列数据时，能够通过分析不同位置的特征间的相关性，有效地捕捉长距离依赖关系。在传统的循环神经网络（RNN）中，处理长序列数据会导致梯度消失或梯度爆炸的问题，自注意力机制则通过“加权和”的方式，让模型更有效地集中于序列中的重要特征，提升其理解和生成自然语言的能力。

在财会领域，自注意力机制的应用主要体现在财务报告生成、智能审计和合同解析中。例如，利用自注意力机制的自然语言处理模型识别财务报表中的关键数据信息，在自动化审计系统中自动解析报表信息，分析风险要素。企业财务部门可以通过这种方式自动审查大量财务文件，大幅降低审计的时间和人力成本，同时提高数据识别的准确性。此外，自注意力机制还为企业舆情分析提供了技术支持。通过对社交媒体内容的情感分析和趋势预测，企业能够及时捕捉外部市场的动态变化。自注意力机制在此类情境下，通过关注市场信息中的关键词，帮助企业在财务决策中更好地把握外部环境的变化。

（2）并行计算与分布式训练

随着大模型参数规模的增加，单一设备难以承担训练任务，因而并行计算和分布式训练技术成为大模型训练的关键技术。这些技术通过将计算任务分布到多个设备上，实现大规模数据的高效处理和模型参数的快速迭代。特别是在数据量庞大的财会场景中，并行计算与分布式训练是保证计算效率的基础。

在财会领域，企业能够通过并行计算高效处理数据的优势，实现财务报告的快速生成。例如，在银行和大型企业集团中，每日有大量的交易数据需要汇总与分析。通过分布式训练技术，模型可以在多个服务器或 GPU 上并行处理数据，以实现实时的财务风险监控和合规检查。这种技术还可用于自动化现金流预测，使得企业能够在短时间内对海量交易数据进行准确分析，帮助财务管理者掌握资金流向与趋势。

（3）预训练（Pre-training）与微调（Fine-tuning）策略

预训练和微调是当前大模型发展的重要策略。通过在海量数据上进行预训练，模型可以学习大量的语义和知识信息，而微调过程则允许模型针对特定任务进行个性化优化。这一过程在语言模型（如 GPT 系列、BERT 模型）中得到了广泛应用。

在财会领域，预训练和微调策略可用于增强财务数据分析模型的适用性。例如，通过在金融新闻、行业报告等数据上预训练模型，然后微调用于公司财务报告的解析任务，模型能够更准确地识别行业术语和财务表达的特定含义。特别是在智能审计系统中，预训练与微调使模型能够高效地进行审计报告生成，帮助审计师快速获得审计结论并识别风险。预训练和微调还应用于自动化财务情报分析中，通过对不同企业年报进行知识迁移，提升模型在不同财务环境中的适应性。例如，针对金融机构或企业集团的不同会计准则要求，微调后的模型能够识别出不同国家或地区的财务报告格式，帮助跨国公司在多国运营中实现合规性检查。

（4）模型压缩与优化

大模型的参数量往往数以亿计，虽然性能强大，但对存储和计算资源要求高，因此模型压缩和优化成为关键技术。模型压缩包括参数剪枝、量化和蒸馏技术，这些方法能够在不显著降低模型性能的前提下减小模型的体积和计算需求。

在财会领域，模型压缩技术的应用使得财务管理软件能够在边缘设备上高效运行。例如，企业财务部门需要在移动设备上部署财务管理工具，以实现随时随地的数据监控。在这种情况下，通过模型压缩技术，管理人员能够在移动设备上部署轻量级模型，满足实时分析的需求，并及时获取关键财务指标。模型压缩在银行的风控系统中也有重要应用。银行需要在大量分支机构的终端设备上部署风控模型，压缩优化后的模型能够适应终端设备的计算限制，同时保证风控系统对风险交易的快速识别和响应能力。这种技术的应用有助于金融机构在不增加硬件成本的情况下提升风险监控的广度和深度。

（5）强化学习与自动调参技术

大模型训练的过程中，参数调整的难度较大，强化学习与自动调参技术为此提供了解决方案。强化学习技术通过模拟试错的学习策略，寻找最优的超参数配置。自动调参技术动态地调整训练过程中的超参数，从而优化模型的学习效率。这种方法在复杂的模型训练中表现出色，能够显著提高模型性能。

在财务预测中，自动调参技术通过实时优化模型参数以提高预测准确度。例如，在股票市场中，通过对不同公司股票数据的实时调整，强化学习模型来适应市场的动态变化，帮助投资者在波动的市场中制定有效的投资策略。此外，强化学习在企业的财务预算和支出预测方面也得到了应用，这种技术可以根据实时业务数据调整预算，确保资金的合理配置。

2.3 推理大模型的发展与应用

随着大模型技术的不断发展，以 DeepSeek 为代表的推理大模型逐渐成为人工智能领域的重要分支。这类模型在财会领域展现出独特的应用价值和技术特点。

2.3.1 推理大模型的定义与特点

推理大模型是指专注于逻辑推理、知识理解和复杂问题解决的大规模预训练模型。与传统大模型相比，推理大模型在以下方面具有显著特点。

（1）强化推理能力

推理大模型通过特殊的训练方法增强了逻辑推理能力，能够处理多步骤的复杂推理任务，尤其适合财务分析、风险评估等需要严谨逻辑的场景。

（2）知识整合与应用

这类模型能够整合和应用海量专业知识，在财会领域能够理解和应用会计准则、税法规定等专业知识，为财务决策提供更精准的支持。

（3）上下文理解深度

推理大模型具备更强的上下文理解能力，能够在长文本中捕捉关键信息，这对于分析财务报告、合同文本等长篇专业文档尤为重要。

2.3.2 DeepSeek 模型及其技术创新

DeepSeek 作为新兴的推理大模型代表，在技术实现和应用场景上都有独特优势。

（1）模型架构创新

DeepSeek 采用了改进的 Transformer 架构，通过优化注意力机制和位置编码，提升了模型处理长序列文本的能力。在财务报表分析等需要理解长文档的场景中，这一特性尤为重要。

（2）多轮对话推理

DeepSeek 在多轮对话中保持推理连贯性的能力较强，这使其在财务咨询、审计问询等需要持续交互的场景中表现出色。例如，在税务筹划过程中，模型能够基于前序对话内容，提供连贯且符合法规的建议。

（3）代码理解与生成

DeepSeek 在代码理解与生成方面具有优势，这对于财会领域的数据分析、自动化报表生成等任务提供了技术支持。财务部门可以利用这一能力，快速开发定制化的财务分析工具。

2.3.3 推理大模型的训练技术创新

（1）思维链训练（Chain-of-Thought Training）

推理大模型采用思维链训练方法，通过显式地展示推理过程，提升模型的逻辑推理能力。在财务分析中，这种训练方法使模型能够展示从财务数据到结论的完整推理路径，提高了分析结果的可解释性。

（2）检索增强生成（RAG）

DeepSeek 等推理大模型结合了检索增强生成技术，能够在推理过程中检索外部知识库，提高回答的准确性和专业性。在财会领域，这使得模型能够检索最新的会计准则和法规，确保建议的时效性和合规性。

（3）人类反馈强化学习（RLHF）

通过人类专家的反馈进行强化学习，大模型能够更好地理解和遵循财会领域的专业规范和伦理标准。这种训练方法使模型在处理敏感的财务信息时更加谨慎，并能提供符合行业最佳实践的建议。

2.4 大模型在不同情景的应用概览

大模型在财会领域的应用广泛且深入，从传统的财务报表分析到更复杂的风险管理和智能审计，大模型的介入逐步改变了这一领域的操作方式和业务流程。本节将从多个具体情景出发，详细探讨大模型在财务预测、自动化账务处理、智能审计、风险管理、合规检测和决策支持中的应用，展示其在提升工作效率、降低运营成本和优化决策质量方面的优势。

（1）财务预测

财务预测涉及对未来财务指标和业务发展的预测。大模型，特别是时间序列模型在这一场景中表现出色，通过对历史财务数据的学习，生成高度精确的预测结果。LSTM 模型能够处理复杂的财务数据，捕捉现金流、营收增长等方面的趋势。在实际应用中，财务预测模型可以用于企业的预算编制、成本控制和盈利预测等环节。通过对历史数据的深度学习，这些模型帮助财务管理者了解未来的现金需求、资源分配等关键问题，从而优化企业的财务规划。此外，基于财务预测结果，企业能够做出及时的融资或投资决策，确保在资金和资源方面保持稳健的状态。

（2）自动化账务处理

自动化账务处理旨在通过技术手段简化财务工作的流程，包括自动生成财务凭证、报表和账簿。大模型结合 NLP 技术和光学字符识别（OCR）技术，在处理票据、发票、合同等非结构化数据时发挥了重要作用。例如，自动化账务处理系统可以利用大模型快速读取、分类和处理大量财务单据。这种技术不仅能帮助企业降低手动处理的出错率，还能加快数据处理速度。通过自动化账务处理，财务人员能够腾出更多时间投入分析和决策支持中，提升财务工作的整体效率。在税务申报、费用报销等流程中，自动化账务系统能够自动核对发票和报销单据，有效减少人工操作中的出错概率和审批时间。

（3）智能审计

智能审计是大模型在财务领域中的另一个重要应用场景，通过 AI 技术实现了审计流程的智能化。传统审计流程依赖于手动核对和风险分析，而大模型可以通过对历史数据的挖掘和分析，提供风险预测和异常检测的能力。智能审计系统通过自然语言处理模型快速扫描和分析企业的财务报告，识别出可能存在的违规行为和财务舞弊。基于大模型的异常检测技术可以自动识别不合规的财务记录，及时向审计师发出警报。通过这种方式，智能审计能够显著提升审计工作的效率，降低违规行为未被及时发现的风险。智能审计系统还可以在处理跨国公司的财务审计时，利用多语言大模型的特性，更高效地解析多国语言的财务报表和法规文件。

（4）风险管理

大模型在风险管理中的应用极大地提高了企业对财务和市场风险的识别与应对能力。通过时间序列模型和强化学习模型，企业可以构建实时风险监测系统，动态评估市场、信用等多重风险。特别是在信用风险评估和贷款审批方面，大模型已经得到广泛应用。通过学习借款人的历史还款记录和外部市场数据，模型可以自动生成信用评分，帮助金融机构判断贷款风险。在此基础上，银行能够优化贷款策略，将贷款额度分配给风险较低的客户，从而降低坏账率。风险管理系统还可以帮助企业在国际业务中识别汇率风险和政治风险，从而在复杂的经济环境中保持业务的稳健性。

(5) 合规检测

合规检测是企业确保财务活动符合监管要求的关键步骤，大模型通过 NLP 和异常检测技术，在合规性检查中发挥了重要作用。金融机构和上市公司面临的合规压力较大，通过大模型的自动化检测技术，能够减少合规检查中的人工投入，有效识别潜在的合规风险。合规检测系统可以利用 NLP 技术解析法规文件和公司内部数据，自动对比企业的行为与合规要求。通过这种方式，模型能够在企业的日常操作中进行实时合规监控。一旦发现不合规行为，系统会自动报警，提示管理层采取相应措施。

(6) 决策支持

决策支持系统是大模型在财务领域应用的高阶表现，通过智能化数据分析和预测，协助企业管理层进行更科学的财务决策。基于大模型的智能化财务分析系统可以整合内外部数据，对企业的财务状况和市场环境进行深入分析，支持管理层制定财务预算、投资策略等决策。决策支持系统还应用于投资组合管理，通过大模型对各类资产的回报率、波动性进行预测，优化投资组合配置。通过强化学习模型，系统能够基于市场变化的动态策略调整投资组合，将收益最大化与风险最小化结合在一起。对于大型企业来说，决策支持系统可以用于供应链管理和现金流优化，通过预测上下游市场的供需变化，合理分配资源以提升运营效率。

(7) 财务分析和数据挖掘

通过对结构化和非结构化数据的处理，大模型能够在财务数据中挖掘出深层次的关联信息。在客户关系管理中，模型通过分析客户的消费习惯、支付行为和信用记录，为企业提供客户的财务健康度评估，支持客户细分和定向营销。在财务报表分析中，大模型通过图像识别和文本挖掘技术自动识别并提取重要的财务信息。例如，针对扫描的 PDF 格式财务报表，模型通过 OCR 和 NLP 技术自动提取财务数据，并生成结构化的分析报告，帮助财务人员加速数据整合和分析过程。对于复杂的财务报表结构，大模型的深度学习能力使其能够精准识别数据间的关联性，从而支持财务报表的深入分析和对未来业务的评估。

第二部分 AI大模型在财务领域的应用

3. 财务预测

4. 风险管理

5. 智能审计

3. 财务预测

财务预测是指使用历史数据和分析工具，对企业未来的财务状况和业绩进行预测的过程，旨在提供关于未来收入、支出、现金流量和资本需求的信息，这些信息对于企业管理层制定战略决策、预算编制和长期计划至关重要。此外，财务预测的目的不仅限于预测未来的财务状况，还包括评估企业面临的风险与机会。本章仅讨论通过财务预测，企业可以更好地管理其资源，优化投资决策，并制定有效的经营管理策略，本书的第 4 章将详细介绍 AI 大模型在风险管理中的应用。

3.1 传统财务预测的局限性

财务预测作为一种基于数据的分析工具，帮助企业识别潜在的财务问题并提前做出响应，从而避免可能的经济损失并抓住市场机会。这在不断变化的商业模式中，是保持竞争力和实现可持续发展的关键因素。然而，传统财务预测存在以下局限性。

① 数据来源单一。第一，数据来源于内部历史财务数据。传统财务预测通常依赖于企业自身的历史财务数据，忽视了许多外部环境因素，如市场趋势、宏观经济指标和竞争对手的信息。尽管这些因素对企业未来表现有着深远影响，但由于传统方法的局限性，这些关键数据往往被排除在分析范围之外。例如，企业可能无法全面评估全球市场环境的变化趋势，而这些趋势可能会对企业的业务产生重要影响。单一的数据来源使得预测结果的覆盖范围有限，难以应对动态变化的市场环境。第二，数据来源限于结构化数据。现代企业所依赖的数据形式多样，既包括结构化数据（如销售额、利润率等），也包括非结构化数据（如客户评论、市场报告等）。传统方法往往无法有效整合这些数据类型，导致信息

利用不充分。例如，社交媒体上某款产品的用户评价可能揭示了潜在的市场需求，但如果企业无法将这些信息融入财务预测模型，则可能错失重要的市场洞察。第三，缺乏对非财务指标的考虑。传统财务预测往往将重点放在财务数据上，忽略了许多对企业未来表现至关重要的非财务因素，如客户满意度、市场份额和品牌声誉等。这种单一的视角使得预测结果难以全面反映企业的实际运营状况，也可能导致战略制定的局限性。据 2023 ～ 2024 年中国财务数字化报告，大部分企业在进行数据分析时仍依靠单据、发票、会计报表等财务数据，而内部业务数据、外部经济数据以及行业数据等大部分未被纳入分析体系内。如图 3-1 所示。

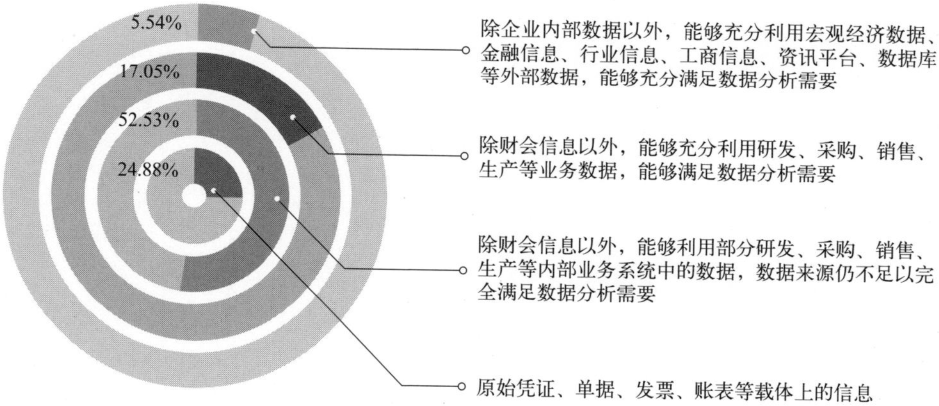

图 3-1　2023 年中国企业数据分析过程中数据应用调研情况

② 数据量有限。传统财务预测处理的数据通常是结构化且有限的，难以利用当前大数据环境所提供的海量信息。尤其是在现代商业环境中，非结构化数据（如社交媒体评论、行业新闻、消费者反馈等）已经成为反映市场动态的重要指标。但传统方法对这些数据的挖掘能力不足，限制了分析的深度和广度。这种局限性不仅降低了预测的精准度，也让企业错失了发现潜在市场机会的可能性。

③ 数据处理不足。在财务预测中，数据质量直接决定了模型的可靠性。然而，传统方法往往缺乏完善的数据清洗流程，导致缺失值、异常值或重复值未能得到有效处理。这种情况可能导致预测模型建立在错误的数据基础上。例如，如果某一季度的销售数据因录入错误而显得异常突出，而这一错误未被及时纠正，

模型可能会基于错误的趋势预测未来，进而误导决策。不同来源的数据格式和单位往往存在较大差异，例如，某些数据可能以美元计价，而另一些则以当地货币表示。传统方法在处理这些不一致性时通常缺乏足够的工具和经验，导致数据的可比性和整合性受限。这种不一致性可能进一步放大预测中的误差，使得模型结果缺乏可靠性。

④ 模型简单化。传统财务预测通常采用简单的线性回归模型，这种方法虽然易于理解和实施，但无法捕捉数据中的非线性关系和复杂模式。特别是在面对市场波动或异常事件时，简单模型往往表现出明显的预测偏差。例如，在疫情等突发情况下，传统模型可能无法快速调整预测，导致结果与实际情况偏离。且在多变量分析中，变量之间的交互作用往往对预测结果产生重要影响。但传统方法通常缺乏对这些关联的全面分析能力。例如，原材料价格的波动可能会同时影响生产成本和市场需求，但如果模型未能考虑这些变量间的互动，其结果可能会显得片面或失真。

⑤ 结果过于依赖定量分析。传统预测倾向于提供一组具体的数值结果，而缺乏对这些结果的深度定性分析。例如，某企业的销售额增长率预测为 5%，但对这一结果背后的驱动因素、可能的风险以及应对策略却鲜有探讨。这种过于机械化的解读方式可能导致决策者对结果的片面理解，从而在实际行动中出现偏差。

⑥ 数据获取不及时。传统预测方法往往缺乏实时数据获取机制，这使得企业难以快速响应市场变化。许多企业依赖的是过去数月甚至数年的历史数据，而这些数据在快速变化的市场条件下可能已失去参考价值。例如，在经济波动剧烈时期，企业如果无法获取最新的宏观经济数据，其预测结果很可能滞后于实际情况，从而影响决策的及时性和有效性。传统财务预测需要耗费大量时间进行数据处理和模型构建，因此难以实现实时更新。这一特点使得预测结果很可能无法跟上市场变化的速度。例如，在经济形势迅速恶化的情况下，企业若依赖数月前的预测数据，其决策很可能出现严重滞后。同时，传统预测方法往往是一种静态的、一劳永逸的流程，缺乏对模型的持续监控和优化。例如，企业可能在一开始选择了一个看似适合的模型，但随着环境和数据的变化，未对模型进行调整，导致预测结果的准确性逐渐下降。

⑦ 缺乏先进的数据分析工具。传统预测方法常依赖简单的电子表格和基础统计软件，无法处理当前数据环境中庞大且复杂的数据集。而人工智能和机器学习可以通过复杂算法挖掘深层次的数据模式，在这方面传统工具则显得力不从心。在面对大规模数据集时，传统方法的计算能力和效率有限。这种限制可能导致数据处理的瓶颈，使得企业无法充分利用数据资源来提升预测能力。而且传统

方法在数据安全方面的考量较为薄弱，可能导致数据在存储和处理过程中出现泄露风险。这不仅会损害企业的利益，还可能导致严重的法律后果。

3.2 AI 大模型在财务预测中的应用

3.2.1 时间序列分析

时间序列分析是一种统计学方法，用于分析按时间顺序排列的数据，以识别其内在结构和模式，从而进行预测。在财务领域，时间序列分析被广泛应用于预测股票价格、利率、汇率、商品价格等关键经济指标。财务数据（如月销售额、季度利润等）本身具有时间顺序性，通过分析这些数据，可以揭示它们的长期趋势、周期性变化和随机波动。例如，一个企业的月度销售额可能会有逐渐上升的趋势，同时在某些特定月份会有周期性的波动，这些现象都可以通过时间序列分析来理解和预测。

（1）常用的时间序列模型

① 自回归模型（AR）。假设当前值与其之前的一个或多个时间点的值存在线性关系，AR 模型通过将当前值表示为过去值的线性组合，并加上随机误差项来描述时间序列数据。换句话说，AR 模型假设当前值就是过去几个值的线性组合。例如，在 AR（1）模型中，当前值仅依赖于前一个时刻的值，而在 AR（2）模型中，当前值依赖于前两个时刻的值，AR（p）模型表示当前值是前 p 个值的线性组合，通常用于平稳时间序列数据的分析和预测。在实际应用中，AR 模型广泛应用于经济预测、金融风险管理、气象预测等领域。通过估计模型参数，可以进行一步或多步预测，从而帮助决策者做出更准确的判断。然而，AR 模型的有效性依赖于数据的平稳性和自相关性，如果数据不具备这些特性，模型的预测能力可能会受到影响。AR 模型的优点在于其结构简单，易于理解和实现。然而，它的局限性在于对数据的依赖性强，即模型的准确性高度依赖于历史数据的质量和数量。

② 移动平均模型（MA）。移动平均法（Moving Average）是利用变量在前 n 期的观测值来预测下一期的取值。若计算时赋予每期历史需求以相同的权重，则

为简单移动平均；若赋予每期历史需求的权重不同，则为加权移动平均。通过移动平均，可以将需求数据中的季节性波动、周期性波动等因素消除，从而得到经过平滑处理的需求趋势线。该方法的优点在于简单易懂，且能够捕捉数据的长期趋势；其缺点在于只利用了过去的有限观测，对离群值较为敏感，且未考虑数据的非线性关系。值得注意的是，在将移动平均法应用于多步预测场景时，必须注意其前提假设，即序列需要相对平稳，否则，如果序列的发展趋势存在其他变化，采用移动平均法就会产生较大的预测偏差和滞后。

③ 指数平滑法（Exponential Smoothing）。这是一种特殊的移动平均法，即加权移动平均，其特点是权重按照几何数级递减，越早的数据所占权重越小。该方法的假设是时间序列态势具有稳定性或规则性，因此可以被合理地顺势推演，最近发生的事情在某种程度上会持续到最近的未来，所以当历史数据越接近当下时，其所占权重也越大。相比于移动平均法，指数平滑法可以选择不同的平滑系数，更快地响应需求变化，因此也更为灵活。与移动平均法相同的是，指数平滑法同样难以很好地捕捉非平稳的序列变化，对于存在噪声的数据十分敏感，可能产生较大的预测偏差。

④ 差分自回归移动平均模型（ARIMA）。ARIMA 模型的全称为差分自回归移动平均（Autoregressive Integrated Moving Average）模型，该模型的基本思想是将预测对象随时间推移而形成的数据序列视为一个随机序列，并用一定的数学模型来近似描述这个序列。一旦模型被识别确立，便可以利用过去和现在的数值对未来的数值进行预测。具体而言，该模型认为每个时间点上的数据既受历史趋势的影响，也受到偶然事件所造成的波动的影响；通过这种自相关性和差分的方式，提取出隐藏在数据背后的时间序列模式。

因此，相较于移动平均法和指数平滑法，ARIMA 时间序列分析法能够处理非平稳数据，对趋势和周期性进行建模。然而，在实际运用中，ARIMA 模型的缺点也显而易见。首先，该模型同样基于线性假设，无法处理非线性趋势；其次，对其参数的选择往往需要通过查看自相关图和偏自相关图来确定，较多的参数和较大的调整难度导致该模型容易出现欠拟合和过拟合现象。根据实际应用情况，在 ARIMA 模型的基础上增加季节性因素即季节性 ARIMA 模型（SARIMA）以及用于建模和预测金融时间序列的波动性的广义自回归条件异方差模型（GARCH），本书不赘述。这三种时间序列分析模型在适用性、复杂度及准确性方面的对比结果如表 3-1 所示。

表 3-1 常用时间序列分析模型对比

时间序列分析模型	适用性	复杂度	预测准确性
AR 模型	适用于平稳时间序列数据，且当数据具有明显的自相关性时效果较好	相对简单，易于理解和实现	在数据平稳且自相关性强的情况下预测效果较好
MA 模型	适用于捕捉随机误差，但不适用于具有明显趋势的时间序列	虽然结构简单，但在处理趋势时可能不如 AR 模型有效	在捕捉随机误差方面表现优异
ARIMA 模型	适用于更广泛的时间序列数据，包括平稳和非平稳数据，尤其在处理非平稳数据时表现出色	参数选择和优化较为复杂，需要更多的计算资源和专业知识	在综合处理自相关性和随机误差方面具有较高的预测准确性，尤其适用于复杂的时间序列数据

由上述常用时间序列分析模型可知，它们都属于传统的时间序列分析模型，能够处理一些简单的线性趋势，但它们在面对数据的复杂性时往往力不从心。

（2）AIRMA 模型在股票预测中的应用

ARIMA 模型在股票预测中主要应用于分析和预测时间序列数据，以捕捉股票价格的自相关性和滑动平均效应，识别市场趋势、模式和潜在的投资机会，预测未来的股票价格走势。其全过程包括四个主要步骤：首先是识别阶段，通过分析时间序列数据的统计特性，如趋势和季节性，来确定模型的参数；其次是估计阶段，基于这些参数，使用历史数据来估计模型的具体系数；接着是诊断阶段，通过检验残差序列是否为白噪声来验证模型的适用性；最后是预测阶段，利用估计好的模型对未来的股票价格进行预测，并使用各种误差指标来评估模型的预测性能。

以特斯拉股票价格数据为例，采用 ARIMA 模型预测其股票价格趋势，流程如图 3-2 所示，具体步骤如下：

① 数据获取与可视化。利用 R 语言的 Quant mod 包从 Yahoo Finance 获取特斯拉的股票价格数据；绘制了从 2018 年 1 月 2 日至 2021 年 12 月 30 日的蜡烛图，直观展示不同时间段的特斯拉股票价格，并关注整体趋势和周期性。

② 数据分解。使用分解函数将数据分解为季节性、趋势和随机部分，以便更清晰地理解数据的构成；选择收盘价（Closing Price）作为进一步分析的依据，因为收盘价被认为是评估股票价格随时间变化的有用指标。

③ 时间序列分析。将日数据转换为月数据，以便更好地分析季节性和趋势；

通过4个图表（原始时间序列数据、趋势、季节因素和随机成分）展示特斯拉股票价格在研究期间的整体上升趋势、季节性波动和不规则的随机波动。

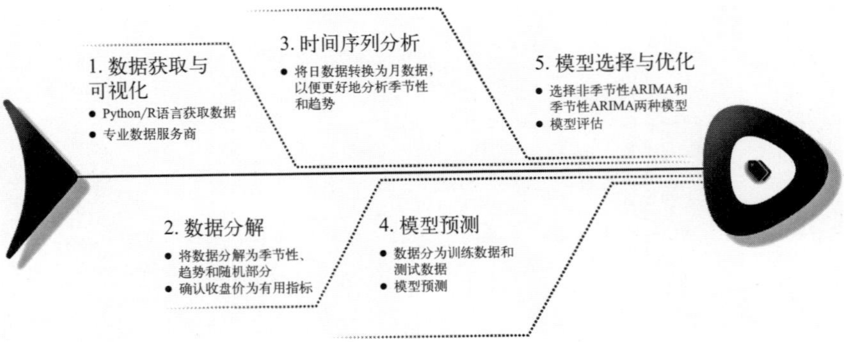

图 3-2 ARIMA 模型预测股票价格

④ 模型预测。将数据分为训练数据和测试数据，以评估模型对未用于训练的数据的预测能力；使用 ARIMA 模型对训练数据进行拟合，并获取测试数据的预测结果。

⑤ 模型选择与优化。通过 Akaike 信息准则（AIC）、Aci（带样本大小校正的 AIC）或贝叶斯信息准则（BIC）选择最优的 ARIMA 模型；使用 R 的 auto-Arima 函数获得非季节性 ARIMA 和季节性 ARIMA 两种模型，并展示其预测结果。

通过 ARIMA 模型预测的结果，虽然与实际值存在差异，但能够预测出特斯拉股票价格的上升趋势；季节性因素的考虑对预测结果影响不大。通过平均误差（ME）和均方根误差（RMSE）评估两种方法的准确性，ARIMA 模型的 ME 和 RMSE 均小于 Native 方法，表明 ARIMA 模型在预测特斯拉收盘价方面更为准确。

通过上述步骤，文档展示了 ARIMA 模型在预测特斯拉股票价格时间序列数据中的应用，这表明 ARIMA 模型是一个有效的工具，可以帮助投资者理解和预测股票市场的行为，从而作出更优的投资决策。此外，为了适应市场的变化，模型可能需要定期更新，以确保预测的准确性和可靠性。ARIMA 模型因其在处理时间序列数据方面的优势而被广泛应用于股票市场分析中，帮助投资者和分析师预测市场动向并做出更明智的投资决策。

（3）时间序列分析在财务预测中的优势和挑战

时间序列分析在财务预测中具有显著的优势，但也面临一些不可忽视的挑战，如图 3-3 所示。深入理解这些优势和挑战，能够帮助我们更有效地应用时间序列分析，充分发挥其在财务预测中的价值，同时应对潜在的风险和局限性。

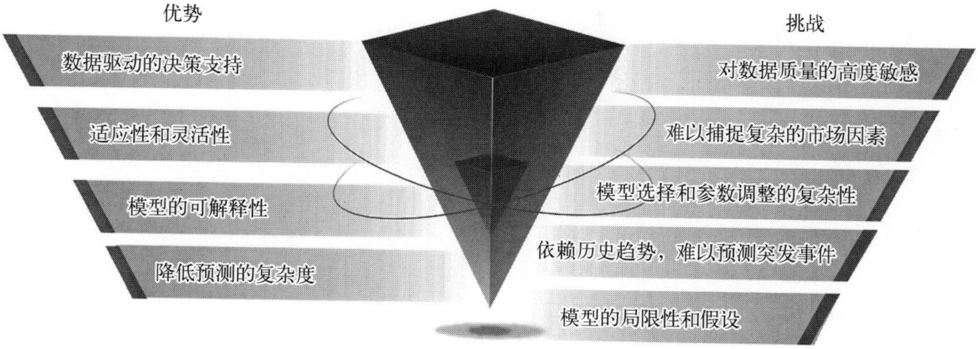

图 3-3 时间序列分析在财务预测中的优势和挑战

① 时间序列分析在财务预测中的优势

a. 数据驱动的决策支持。时间序列分析依赖于大量的历史数据，通过对过去数据的深入挖掘，揭示潜在的趋势和模式。这种方法能够减少对主观判断的依赖，提供客观的决策依据。例如，投资者可以根据历史股票价格走势，利用模型预测未来价格，做出买卖决策。数据驱动的方法还能帮助企业识别异常模式，如销售额突然下降，并及时采取应对措施。

b. 适应性和灵活性。时间序列分析提供了多种模型，能够适应不同类型的数据特征。例如，对于具有季节性和趋势的销售数据，可以使用 SARIMA（季节性差分自回归移动平均）模型；对于具有非线性特征的金融数据，可以采用非线性时间序列模型。这种灵活性允许分析者根据数据特征选择最适合的模型，提高预测的准确性。此外，模型还可以根据新数据进行更新，保持对市场变化的敏感性。

c. 模型的可解释性。时间序列模型的参数具有明确的统计学和经济学意义，便于理解和解释。例如，AR 模型中的系数表示当前值与过去值之间的关系，GARCH 模型中的参数反映了波动性如何随时间变化。这种可解释性有助于分析人员深入理解市场机制，识别影响财务指标的关键因素，从而制定更有效的策略。

d. 降低预测的复杂度。相比于一些复杂的机器学习和深度学习模型，传统的时间序列模型计算量较小，实现相对简单。例如，ARIMA 模型只需要估计有限的几个参数，计算效率高。这对于需要实时预测或资源有限的场景非常有利。此外，成熟的软件包和工具（如 Python 的 statsmodels 库）提供了便捷的实现方式，降低了技术门槛。

② 时间序列分析在财务预测中的挑战

a. 对数据质量的高度敏感。时间序列分析对数据质量要求较高，数据中的缺失值、异常值和噪声可能严重影响模型的准确性。例如，股票价格数据中的错误记录或漏报可能导致模型参数估计偏差，进而影响预测结果。因此，在建模之前，需要进行严格的数据清洗和预处理，填补缺失值，剔除异常值，确保数据的可靠性。

b. 难以捕捉复杂的市场因素。市场受多种复杂因素影响，如政策变化、国际事件、市场情绪等。这些因素可能导致市场出现突发性变化，而传统的时间序列模型主要依赖于历史数据，难以及时反映这些变化。例如，重大政策颁布可能导致市场结构性转变，历史模式不再适用，模型预测的准确性下降。

c. 模型选择和参数调整的复杂性。选择合适的模型和参数需要专业的统计知识和经验。不同的模型对数据有不同的假设，如平稳性、线性关系等。如果模型选择不当，可能导致欠拟合或过拟合。参数调整也需要平衡模型的复杂度和预测性能，过多的参数可能导致模型不稳定。

d. 依赖历史趋势，难以预测突发事件。时间序列分析主要基于对历史趋势和周期性的延伸，对于不可预见的突发事件（如自然灾害、政治危机、疫情暴发）缺乏预测能力。这些事件往往对市场产生重大影响，但由于历史数据中缺乏类似的模式，模型无法提前预警，导致预测失准。

e. 模型的局限性和假设。时间序列模型通常基于特定的统计假设，如线性关系、残差的正态分布、平稳性等。然而，实际的财务数据常常违反这些假设。例如，时间序列常表现出厚尾分布和集群波动性（在某些时期波动性较大）。如果模型不能正确反映这些特征，预测结果可能会有系统性偏差。

3.2.2 模型的构建与优化

随着大数据和人工智能的发展，财务预测中的应用正逐步融合机器学习和深度学习技术。

（1）AI 大模型在财务预测中的应用流程

为了实现精确的财务预测，构建和优化 AI 模型是至关重要的步骤。模型构建与优化可以按照样本选择、参数设定、特征输入、测试检验几个步骤来进行，如图 3-4 所示。

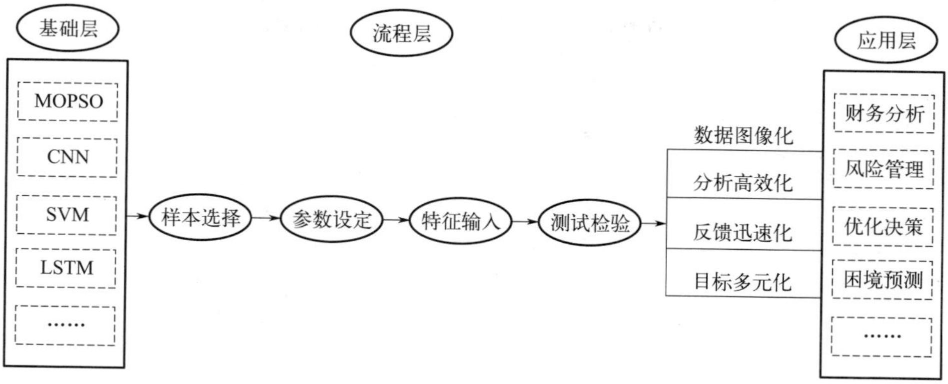

图 3-4 AI 大模型在财务预测中的应用流程

① 基础层

基础层展示了常用的算法模型，如 MOPSO、CNN、SVM、LSTM 等。

② 流程层

a. 样本选择。模型的预测能力在很大程度上取决于所选择的样本数据。财务数据通常具有时间依赖性，因此在样本选择时，需要确保样本数据具有代表性和完整性。

时间段选择：样本数据的时间段选择需要覆盖不同的市场环境和经济周期，以保证模型具有良好的泛化能力。例如，在进行销售额预测时，需要选择包括淡季和旺季在内的历史数据，以全面捕捉不同市场条件下的销售变化。

数据分割：通常将数据集划分为训练集、验证集和测试集。训练集用于模型的学习，验证集用于参数调优，测试集用于评估模型的实际预测性能。时间序列数据的分割需要特别注意时间顺序，确保测试集中的数据始终晚于训练集中的数据。

b. 参数设定。模型的性能很大程度上取决于参数的选择，包括模型结构和训练过程中的超参数设定。

对于 LSTM 或 Transformer 等深度学习模型，结构参数包括隐藏层的数量、每层的神经元数量等。过多的隐藏层可能导致模型复杂度过高，从而增加过拟合的风险；而隐藏层过少则可能导致模型拟合能力不足。训练过程中的超参数如学习率、批次大小等，对模型的训练效率和最终效果有直接影响。学习率决定了每次参数更新的步长，过大可能导致训练不稳定，过小则可能导致训练时间过长。通过网格搜索、随机搜索或贝叶斯优化等方法，可以找到最优的超参数组合，从而提升模型的性能。

c. 特征输入。特征输入是模型能否准确预测的关键之一。在财务预测中，选择合适的特征可以极大提高模型的预测精度。特征工程是指从原始数据中提取出对预测有用的信息。在财务预测中，特征可能包括历史销售数据、市场经济指标、季节性因素、促销活动等。特征的选择应基于与预测目标的相关性，确保模型能够聚焦于最重要的信息。深度学习模型（如 Transformer）可以通过注意力机制自动识别重要特征，从而简化特征选择的过程。这种机制可以动态地调整模型对不同特征的关注程度，从而提高预测精度。

d. 测试检验。模型的构建完成后，需要通过测试检验来评估其在实际应用中的表现。模型验证与评估使用交叉验证方法来评估模型的稳定性和泛化能力。在时间序列数据中，通常使用时间滑窗法或扩展窗口法来进行验证，以模拟模型在不同时间段上的预测能力。这些方法可以帮助评估模型在新数据上的表现，确保模型具有较好的稳健性。常用的误差度量指标包括均方误差（MSE）、平均绝对误差（MAE）等。这些指标能够量化模型预测值与真实值之间的差异，帮助判断模型的优劣。在财务预测中，特别关注模型在关键数据点（如销售高峰和低谷）上的表现，以确保模型在不同情境下都能保持较高的预测准确性。

③ 应用层

AI 大模型在财务预测中的应用体现在财务分析、风险管理、优化决策、困境预测等方面。

（2）深度学习模型的应用

深度学习技术在时间序列模型中的应用如 LSTM、Transformer 等，能够捕捉复杂的非线性和长距离依赖关系，提高预测精度。这些模型在处理高维度和大量数据时表现出色，能够更好地适应金融市场的复杂性。

① LSTM 模型简介。LSTM 模型即长短期记忆网络（Long Short-term Memory Networks）模型，由德国计算机科学家 Hochreiter and Schmidhuber 于 1997 年提出。LSTM 是一种特殊的神经网络模型，专门用于处理序列数据。它擅长处理那些具有长时间依赖关系的数据，这使得它非常适合用于财务预测。例如，企业的销售额受多种长期因素的影响，如市场趋势、客户行为等。LSTM 通过其独特的“记忆单元”来捕捉这些长期依赖关系，从而更好地预测未来的销售趋势。

LSTM 模型运行逻辑如图 3-5 所示，通过设计记忆细胞，选择性记忆重要信息，过滤掉噪声信息，以此减轻记忆负担。图中的三个方块分别代表数据经历了 t-1、t、t+1 三个不同的时刻记忆，x 代表输入的信息，y 为当前时刻输出的数据。

以 t 时刻为例，可以看到从上一细胞单元中传递过来的记忆信息与本单元的信息共同作为输入，在记忆细胞中经过如下处理：通过遗忘门，选择性地遗忘和丢弃部分信息；通过记忆门，保留和更新部分信息；将过去与现在的信息进行合并，通过输出门进行输出。经过上述三个门限的处理，数据信息得以更新，并传递至下一细胞处理单元继续进行类似处理。LSTM 模型通过三个关键门来控制信息的流动，从而能够更加灵活地捕获和利用时间序列中的长期依赖关系。LSTM 模型工作范式如图 3-6 所示。

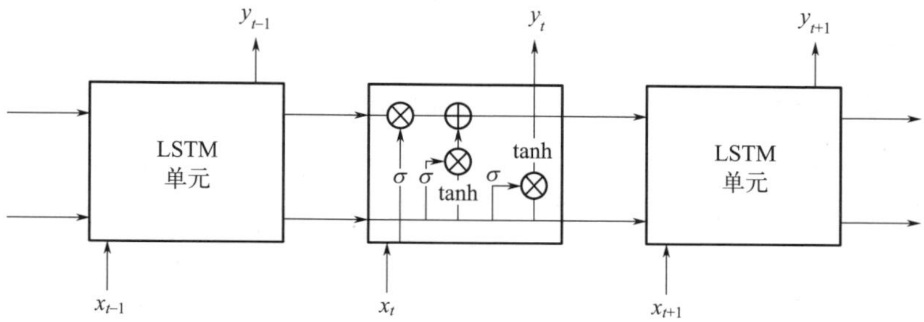

图 3-5　LSTM 模型运行逻辑

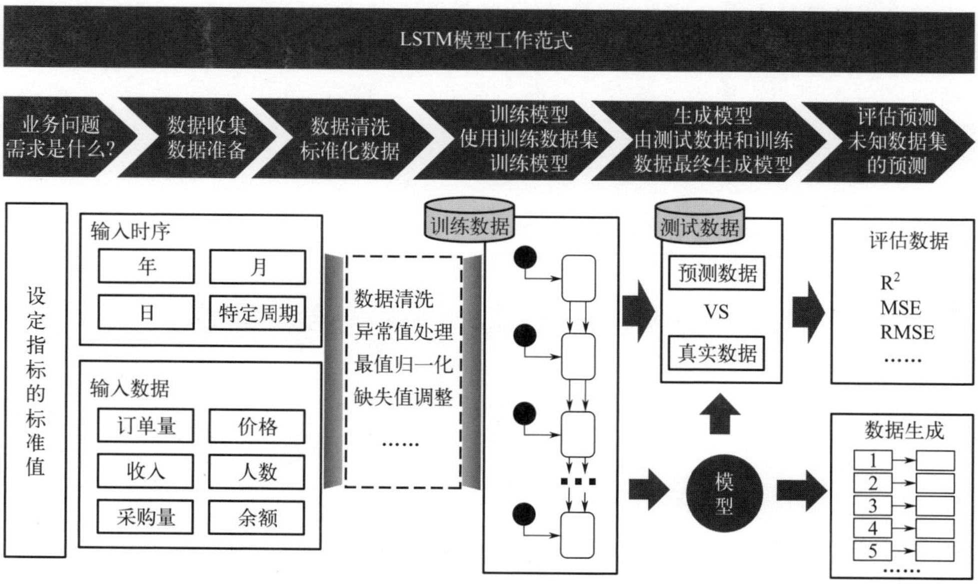

图 3-6　LSTM 模型工作范式

相较于传统时间序列预测模型，LSTM 模型有助于处理长期依赖关系和非线性关系，能够捕捉序列数据中的长期模式和短期波动，且对于大规模数据和高维数据具有较好的扩展性，提供更加准确的预测结果。LSTM 可以记忆长期的历史信息，适用于具有长期依赖关系的财务数据。LSTM 可以同时输入多个特征变量，综合考虑多种影响因素，提高模型的全面性。LSTM 通过反向传播算法自动学习最优的模型参数，无须手动选择模型阶数或参数。

② LSTM 在销售预测中的应用。随着全球环境问题的日益严重和能源消耗的快速增长，新能源汽车作为传统化石燃料汽车的替代品，在中国和全球汽车市场上显示出强劲的发展势头。新能源汽车因其清洁和高效的交通方式，越来越受到消费者的关注和青睐。中国政府一直致力于推动新能源汽车的发展，以应对环境污染和能源安全等挑战。政府推出了一系列激励政策，包括购车补贴、免征购置税和充电基础设施建设，以促进新能源汽车市场的发展。准确预测新能源汽车的销售量对于制定合理的市场策略和决策具有重要意义。研究者通过收集近 500 份问卷，分析结果显示 35.48% 的人倾向于选择新能源汽车，高于燃油车的比例，而 30.65% 的人在新能源汽车和燃油车之间徘徊。以往的研究中，使用统计模型和机器学习方法对新能源汽车销售进行预测已经取得了一定的成果。然而，作为适合序列数据的深度学习模型，LSTM 模型具有强大的记忆能力和非线性建模能力，广泛应用于时间序列预测任务。

使用 LSTM 模型来预测新能源汽车销量的步骤如下。

a. 数据收集与预处理。数据来自中国汽车制造商协会，涵盖了从 2022 年 5 月到 2023 年 5 月中国新能源汽车的销售数据；将时间序列数据转换为适合 LSTM 模型的格式。每个时间步的输入被转换为向量表示，通常使用词嵌入来表示。

b. 构建 LSTM 模型。每个时间步的输入被编码为向量形式，然后通过前向传播预测下一个时间步的输出，将时间序列问题转换为监督学习问题；在每个时间步，模型使用当前时间步的输入和前一时间步的隐藏状态来计算当前时间步的隐藏状态。隐藏状态包含了模型对过去序列的记忆；LSTM 模型使用输入门来生成候选隐藏状态，并将其添加到前一时间步的隐藏状态中。遗忘门决定保留多少先前的记忆信息，输出门决定当前时刻的输出值。

c. 训练和测试数据。将数据分为训练数据集和测试数据集，用于训练 LSTM 模型并评估其性能；使用训练数据来训练 LSTM 模型，模型学习从过去的销售数据中识别模式和趋势。

d. 预测未来销量。训练完成后，使用模型预测未来几个月的新能源汽车销量；预测过程是迭代的，从输入序列的第一个时间步开始，直到预测整个序列。将每个时间步的预测结果作为下一个时间步的输入，以产生下一个时间步的预测结果。基于 LSTM 模型的新能源汽车销售预测具有高准确性和可靠性，与传统方法相比，LSTM 模型能更好地捕捉数据中的非线性关系和序列模式。

（3）混合模型的构建

混合模型（Hybrid Model）是将不同类型的模型或算法结合起来，以便发挥各自的优势，应对单一模型可能面临的局限性。单一模型可能在捕捉某些数据特征方面存在不足。通过混合模型，可以综合不同模型的优点，弥补单一模型的缺陷，混合模型可以同时捕捉数据中的线性和非线性模式，提高对复杂时间序列的预测能力，组合多个模型可以降低单一模型的预测误差，提高模型在不同数据集上的泛化能力。混合模型能够在多个领域实现更高的预测精度、更强的泛化能力以及更好的稳健性。以下是几种常见的混合模型及其应用领域。

① ARIMA-LSTM 混合模型。ARIMA 模型擅长捕捉时间序列中的线性趋势，但对于数据中的非线性特征，ARIMA 模型表现较差。而 LSTM 模型则适合捕捉复杂的非线性关系。ARIMA-LSTM 混合模型通过将 ARIMA 和 LSTM 结合，能够同时处理时间序列中的线性和非线性部分，从而提升整体预测效果。通过捕捉线性部分的 ARIMA 和非线性部分的 LSTM 的结合，混合模型在预测精度上明显优于单一模型，在时间序列波动较大或具有复杂动态变化的情况下，混合模型表现出较强的鲁棒性。

可以按照一定的顺序，将 ARIMA 模型和 LSTM 模型串联起来，也可以使用这两个模型对同一数据进行建模，最后将各模型的预测结果进行组合。ARIMA-LSTM 混合模型通常应用于股票、外汇、商品期货等的价格预测，能有效应对金融市场的波动性和非线性变化；在电力负荷预测等领域，通过混合模型结合短期趋势和长期波动，达到更准确的预测效果。

② SVR-ANN（支持向量回归 - 人工神经网络）混合模型。支持向量回归（SVR）是一种强大的回归方法，适用于小样本、非线性回归问题，但其性能容易受到参数选择的影响。人工神经网络（ANN）能够自动从数据中学习复杂的非线性关系，但训练过程复杂，需要大量数据。SVR-ANN 混合模型通过结合 SVR 的精确度和 ANN 的灵活性，能够提高回归分析的精度和泛化能力。通过对 SVR 和 ANN 结果的加权平均或其他方式组合，减少了单一模型的偏差，提高了预测结果的准确性，SVR 用于处理数据中的噪声，ANN 则从更复杂的数据模式中提取特征，二者结合能够有效避免过拟合。

该混合模型用于预测 GDP、失业率等经济指标，通过组合线性回归和非线性模式提取，提升宏观经济预测的精度，在零售业、制造业等领域，SVR-ANN 混合模型可以预测产品销售量、市场需求等，帮助企业制定精准的供应链和库存策略。

③ 集成学习模型（随机森林，迭代算法，梯度提升）。集成学习通过将多个

弱学习器结合成一个强学习器，能够有效提高模型的准确性和鲁棒性。单一的决策树、回归模型或神经网络可能会过拟合或欠拟合，而集成学习通过多个模型的组合，有效减少了这种风险。通过组合多个模型，集成学习能够降低偏差和方差，提升预测的稳定性和可靠性，集成学习方法常常能在多个数据集上表现更好，尤其是在特征空间复杂或者数据样本量较小的情况下。

集成学习模型常应用于金融风险预测，如信用评分、贷款违约预测等，通过集成多个模型，能够有效识别不同客户群体的风险特征。它也应用于医疗诊断，如在医学影像分析和疾病预测中，集成学习模型结合了多种算法的优势，提高了疾病检测的准确性。在电子商务和支付行业，集成学习也能够帮助检测欺诈交易，减少错误分类和漏检。

（4）自动化和智能化工具

开发自动化的模型选择和优化工具，降低对专业知识的依赖，如 AutoML 技术可以自动选择最优的模型和参数，帮助非专业人员应用时间序列分析。基于 AI 大模型的财务预测框架包括数据层、模型层、智能层、展示层，如图 3-7 所示。

① 数据层。数据层是对数据库的拓展，不仅仅停留在支持结构化存储的关系型数据库层面，还可以支持非结构化和半结构化数据存储的非关系型数据库。例如，可利用摄像设备、传感器、红外设备、RPA 机器人等，对社交网络数据、设备运行数据、存货状态数据等进行实时和全量的采集。此外，与传统数据库不同的是，数据层可采用数据湖技术储存数据，允许采集、处理和储存更大规模的数据量，所含的数据种类更多。传统 AI 更多是用好结构化数据，在大模型技术逐渐成熟落地的过程中，大模型可以更好更大地激发企业内部大量的非结构化数据，比如研发生产型企业的图纸、设计和知识类文档，这些知识在传统 AI 时代没法被应用，更没法用到数据分析、支持决策中。

② 模型层。模型层是对传统知识库的拓展，传统的知识库储存决策所需的事实、概念、规则等，常根据某些特定规则，利用数量经济学、模糊数学、控制论等进行计算分析，但模型层可融入更多的人工智能和大数据算法，可利用深度学习、自然语言处理、生成式人工智能等智能化技术将数据层数据中的关键信息进行识别和提取。此外，在模型层也可以进行更加灵活的模型建立和知识图谱绘制，极大提升财务决策的智能化。大模型将逐渐具备更强的自学习、自进化能力。传统 AI 相对来讲算法模型比较固定，而且都是单点，更多地起辅助作用，AI 大模型将更高程度上提升决策能力，帮助企业获得更高精度的洞察和决策，提升决策效率和业务价值。

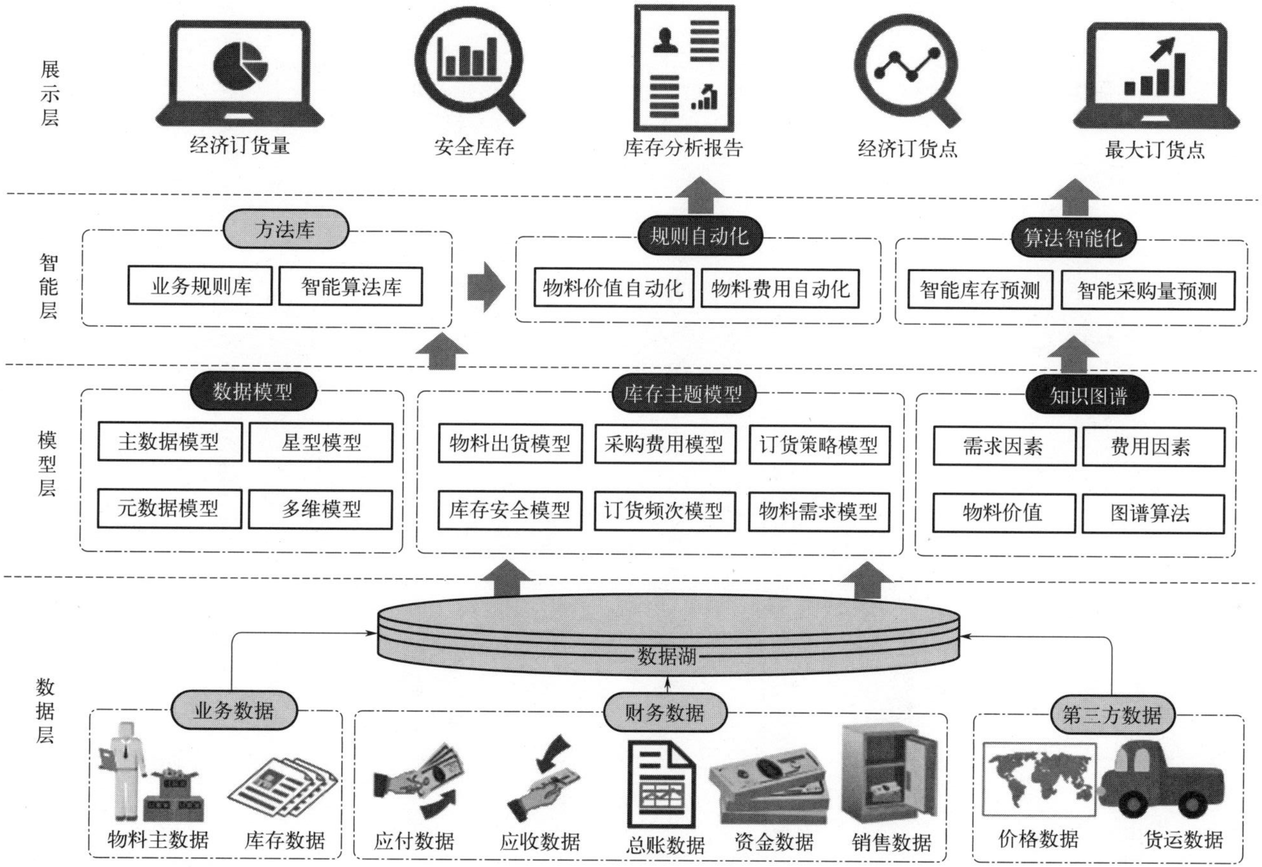

图 3-7　智能化财务预测框架

③ 智能层。智能层相较于模型层更加复杂，在这一层中，算法工程师可以针对某一主题模型，清洗并整理数据湖中的数据，选择合适的深度学习算法，进行专门的机器学习训练，让机器逐步学会决策者的思维模式，进行智能场景识别，及时发出报警或决策信号。此外，生成式人工智能通过交互式形式，加入动态更新机制，让机器根据系统数据环境的变化进行自主学习，从而不断适应新的财务决策环境。

④ 展示层。展示层的主要内容是决策过程中需要的各种参数信息。作为决策者和系统进行人机交互的纽带，展示层可以实现结果的可视化呈现，将决策参考信息返回到前端界面，直观地将生成结果展现在用户面前。大模型的泛化能力，无论是面向消费者，还是企业员工，均能够提供高度个性化产品和服务，相比传统 AI 时代，可以提供更加人性化、高效化、精准的交互式方法。

3.3 AI 大模型在财务预测中的成功实践

随着 AI 技术的不断演进，未来 AI 大模型在财务预测领域的应用将更加广泛和深入，财务预测的应用场景包括财报分析、优化决策、困境预测等。

（1）财报分析

AI 大模型在财报分析中的应用场景非常丰富，涵盖了从数据提取到高级分析和报告生成的各个方面。

① 财报自动化摘要和提炼。AI 可以自动化地分析并提炼财报中的关键信息。对于财报中的财务数据、管理层讨论和分析（MD&A）、现金流情况等，AI 大模型可以在几秒钟内自动提取重要的财务指标，并生成一个简洁的摘要，帮助投资者和管理层快速了解公司表现。这种自动化总结能够帮助减少分析师的工作量，提升决策效率。自动识别财报中的关键信息（如收入、利润、资产负债表、现金流量表等），提炼财报中的管理层讨论和分析，尤其是对未来展望、风险提示等部分的解读，可以为分析师和投资者提供简单、清晰的报告摘要。

② 财务趋势分析与异常检测。在趋势预测方面，AI 大模型能够分析财报中的历史数据和财务趋势，识别异常变化或不寻常的模式。AI 可以基于过去几年的财务数据进行趋势预测，判断收入、利润、成本等关键财务指标的变化趋势。若发现某些财务数据偏离正常波动范围，AI 可以标记出来，提示分析师进一步调查可能的原因。自动分析和对比多期财报数据，识别财务数据的趋势变化，运用

统计学和机器学习算法检测财务数据中的异常波动，对比行业标准和竞争对手的财务数据，判断公司的表现是否存在偏差。

③ 情感分析和语义解读。财报中的文字部分，尤其是 MD&A 部分，常常包含对未来展望的预期、风险分析以及公司战略的说明。AI 可以运用 NLP 技术，进行情感分析和语义解读，帮助分析师了解管理层的语气、态度和潜在风险。如果管理层的语言带有负面情绪，AI 可以将这一信息提取并突出显示，帮助投资者判断是否存在潜在风险。使用情感分析工具解读管理层讨论部分的语气（正面、负面、中立等），分析公司对未来的预期，是否存在过于乐观或悲观的言辞，识别潜在的风险和不确定性，帮助投资者作出更加知情的决策。

④ 财务预测与智能决策支持。AI 可以根据历史财报数据、行业趋势和其他宏观经济因素，对公司的财务表现进行预测。AI 大模型能够建立一个财务预测模型，根据过去的数据和当前的市场状况，预测未来几个季度的收入、利润、现金流等财务指标。这种预测不仅可以帮助企业的高管做出战略决策，还可以为投资者提供更精确的未来展望。基于历史财务数据建立预测模型，提供未来财务表现的预测（如收入、利润等），并使用深度学习和机器学习模型考虑多个因素（例如市场趋势、宏观经济变化、行业动态等）来调整预测结果，为企业管理层提供决策支持工具，帮助其根据预测结果进行战略规划。

⑤ 基于 AI 的财务决策模拟与风险评估。AI 可以模拟不同的财务情景，并进行风险评估。通过建立财务决策模型，AI 能够预测不同决策方案下可能的财务结果，并帮助管理层评估决策带来的风险。AI 可以模拟不同的融资方式、资本支出计划、产品定价策略等，评估其对公司财务状况的影响，通过模拟不同的财务决策方案（如融资方式、并购、投资决策等），评估其对财务表现的影响，进行风险评估，识别潜在的财务危机或盈利风险，提供决策建议，帮助管理层选择最优方案。

⑥ 智能报告生成与定制化分析。AI 可以根据用户需求定制财报分析报告。例如，投资者可以选择某些特定的财务指标或者感兴趣的分析方向，AI 会基于财报自动生成定制化的分析报告。这种智能化的报告生成不仅可以节省分析师的时间，还可以提供个性化的分析视角。根据投资者或管理层的需求，生成定制化的财报分析报告，提供不同视角的分析，如重点分析成本结构、收入来源、资本支出等，动态调整报告内容，以适应不同分析目标（如风险评估、盈利能力分析等）。

AI 大模型在财报分析中的应用，主要是通过自动化、智能化和数据驱动的方式，提高财报分析的效率和准确性。无论是财报自动摘要、财务趋势分析、情感分析、智能决策支持，还是定制化报告生成，AI 都能为企业、投资者和分析师提供更高效、更精准的工具。这些技术的应用，可以显著提高决策的质量，降低风险，并推动财务管理和投资决策的数字化转型。

（2）优化决策

AI 大模型在优化决策中的应用场景涉及从数据整合、深度分析到决策建议生成的全链条过程，在面对复杂的决策环境时，通过数据驱动的方式帮助决策者做出更加准确、高效的决策。AI 大模型能够处理海量数据，发现潜在的模式与趋势，提出优化策略和解决方案，广泛应用于商业、金融、制造业、医疗、物流等多个领域。

① 智能财务决策支持。在财务管理和投资决策中，AI 大模型通过对企业财务数据、市场动态、宏观经济、行业趋势等多方面的分析，为企业的资本运作、投资决策、风险管理等提供数据支持。AI 通过精准的预测模型帮助公司制定更加高效的财务决策，利用 AI 模型分析市场数据、历史股价波动和行业趋势，推荐最优的投资组合。深度学习模型通过对比不同行业的投资回报率和风险，推荐多元化的投资策略。AI 能够基于企业的财务报表、项目回报数据等，预测项目的长期收益和风险，帮助企业做出资本预算决策。模型可以模拟多种情景，进行风险敏感性分析。

② 强化学习在决策中的应用。AI 通过持续学习和不断优化决策策略，能够在复杂环境中作出最优决策。在电商、金融服务等领域，AI 通过强化学习模型动态调整定价策略，以最大化企业利润或市场份额。例如，通过分析消费者需求、竞争对手的价格、市场趋势等因素，实时优化价格。强化学习在供应链管理中的应用，能够帮助企业在不同供应链环节（采购、库存管理、运输等）作出最优决策。AI 模型可以根据需求预测、库存水平、运输成本等因素自动调整补货策略，以减少库存成本并提高客户满意度。在能源管理领域，AI 大模型通过强化学习技术优化能源生产和消费的决策。例如，预测需求峰谷，通过调整能源供应和分配策略，最大化能源利用效率，减少浪费。

③ 数据驱动的市场营销决策。AI 大模型能通过分析消费者数据、市场趋势、社交媒体情感、购买行为等，为市场营销决策提供优化方案。AI 不仅帮助公司定制个性化的营销策略，还能实时调整营销计划。通过分析用户历史行为、偏好以及社交媒体等数据，AI 为消费者推荐个性化的产品或服务，提高销售转化率和用户满意度。电商平台和视频流媒体平台通过 AI 大模型优化用户个性化推荐，提高用户黏性。AI 可以分析广告投放效果，通过实时分析广告的点击率、转化率、用户反馈等数据，调整广告投放策略，最大化 ROI（投资回报率）。通过聚类

分析（如 K-means 算法、层次聚类等），AI 可以将市场中的消费者按行为特征进行细分，并为每个细分群体提供定制化的营销策略，从而提高市场营销的效果。

④ 制造与生产优化决策。在制造业，AI 大模型能够分析生产数据、设备运行状况、原材料供应链等因素，帮助企业优化生产决策、减少生产成本、提高生产效率。AI 根据订单需求、机器可用性、原材料库存等因素，优化生产调度和排程，以提高生产效率、降低成本。例如，使用强化学习算法在动态生产环境中实时优化生产线配置。AI 通过机器学习模型预测设备故障的可能性，根据历史数据和设备状态，提出优化的维修和更换计划，从而减少设备故障对生产的影响，减少停机时间。在生产过程中，AI 模型通过视觉识别、传感器数据等，实时监控生产质量，并自动调整生产流程，确保产品质量的稳定性。

⑤ 金融与风险决策。在金融领域，AI 大模型可以帮助机构优化投资决策、信用评估、风险管理等多个方面。AI 可以实时分析市场数据、用户行为、宏观经济情况等，帮助金融机构提高决策的准确性和效率。AI 通过对股票、债券、期货等市场数据的实时分析，结合深度学习和强化学习模型，帮助投资者或机构制定最优的投资策略。AI 模型结合银行客户的交易行为、信用记录、社交数据等多个维度的信息，为客户提供动态信用评分，帮助金融机构优化贷款审批、信用卡授信等决策过程。AI 分析市场中的风险因素，如利率变化、汇率波动等，为金融机构提供实时风险评估，并建议对冲策略。例如，AI 帮助机构预测潜在的市场波动，并根据预测结果自动调整风险对冲策略。

（3）困境预测

AI 大模型在财务困境预测中的应用主要体现在利用机器学习和深度学习技术，从历史财务数据中提取模式，预测企业是否面临财务困境（如破产、违约、流动性危机等）。与传统的财务困境预测方法（如 Altman Z-score、Logistic 回归模型等）相比，AI 大模型能够处理更多维度的数据、更复杂的非线性关系，并且能够从大规模数据中提取更深层次的特征。

① 多维度财务数据分析。AI 大模型结合企业的财务报表、市场数据、宏观经济因素等多个维度的数据，分析企业的财务健康状况。通过将这些数据输入深度学习模型，AI 可以识别潜在的财务危机信号。模型的优势在于能够整合多种来源的数据，如财务数据、市场情绪、新闻报道等，进行全面分析。利用深度神经网络（DNN）或卷积神经网络（CNN）可以处理来自不同财务指标（如流动比率、负债比率、资产回报率等）的数据，进行财务健康预测；使用 NLP 分析新闻、财报中的管理层言论、投资者情绪等，结合结构化数据和非结构化数据，可

以预测公司是否存在财务困境。

② 时间序列预测与现金流预测。时间序列预测模型帮助分析企业未来的财务状况，尤其是现金流状况。AI 模型能够基于历史数据和趋势，预测企业未来是否可能出现现金流困境，进而预测企业的破产或其他财务危机。使用 LSTM 等递归神经网络（RNN）模型分析企业过去的现金流数据，预测未来现金流的波动情况，识别可能的财务危机。利用时间序列预测，识别那些短期内可能会引发财务困境的资金短缺问题。

③ 异常检测与风险识别。AI 大模型自动识别财务数据中的异常变化。突出的财务数据偏离、非正常波动等都可能是企业陷入财务困境的前兆。通过异常检测模型，AI 识别那些容易被传统模型忽视的财务危机征兆。使用基于 AI 的异常检测模型（如孤立森林、Autoencoder 等）检测企业财务报表中的异常模式，识别潜在的财务危机，并运用机器学习中的聚类方法，识别类似企业中存在的风险模式，从而预测财务困境。

④ 企业破产预测与信用评分。AI 大模型改进破产预测和信用评分模型。传统的信用评分模型一般基于简单的财务比率，AI 模型则结合更多复杂的因素，例如历史违约行为、行业趋势、公司管理层信息等。使用支持向量机（SVM）、随机森林（RF）等机器学习方法预测企业破产概率，结合外部数据（如社交媒体、行业新闻）进行情感分析，辅助信用评分的生成。

⑤ 文本挖掘与情感分析预测企业健康状况。AI 通过自然语言处理技术分析财务报告、管理层讨论、新闻报道以及社交媒体上的言论来预测企业的财务困境。情感分析可以识别管理层语言中的负面情绪，或者社交媒体上对公司情绪的变化，这些都可能是潜在的财务危机的信号。运用情感分析技术对管理层在财报中的言辞进行解读，分析其语气变化，如是否存在对未来不确定性的悲观预期，分析公司公告、行业动态以及媒体报道中的情感倾向，以此为基础，预测公司未来的财务健康状况。

⑥ 供应链等外部因素预测财务困境。图神经网络（GNN）是处理复杂关联数据的有效工具，适用于具有复杂依赖关系的财务数据分析。企业的财务困境可能受其供应链上下游、合作伙伴、股东等外部因素的影响。GNN 可以用来建模这些关系，从而识别潜在的风险因素。通过构建企业与其供应商、客户之间的图模型，利用 GNN 分析企业可能面临的财务困境，尤其是在供应链出现问题时，使用 GNN 处理企业间的债务关系，预测可能导致违约的企业及其风险传递路径。

⑦ 实时监控与困境预警。AI 大模型应用于实时财务监控系统，为企业提供

即时预警，利用实时数据流（如股价、市场情绪、财务变动等），AI 模型能够实时评估企业的财务健康状况，并及时发出预警信号。开发基于 AI 的财务监控系统，结合实时数据源（如股市数据、新闻等）对企业的财务健康状况进行实时分析，在出现财务困境的早期迹象时，自动向管理层发出预警，并提供应对建议。

总之，AI 大模型在财务困境预测中的应用，主要通过深度学习、机器学习、自然语言处理和图神经网络等技术手段，从多个角度进行风险预测。这些技术能够整合各种结构化和非结构化数据，提升财务困境预测的准确性，并且具备实时预测、智能决策支持等优势。

4. 风险管理

4.1 风险管理的基本概念与重要性

4.1.1 风险管理的基本概念

风险管理是指企业在生产经营中把不确定的影响因素（如现金流风险、筹资风险、投资风险、利率及汇率风险等）降到最低的管理过程、在一个有风险的环境里把风险可能造成的不良影响降到最低的管理过程。企业在运行中会面临一定的财务风险，这必然对其管理运营产生一定的影响。有效的风险管理会对现代企业产生积极的影响。因此，企业在管理运营中必须重视风险管理。

4.1.2 风险管理的重要性

当今经济环境下，企业面临的内外部风险日益复杂多样，因此需要建立有效的风险管理体系，以防范和控制风险。提高企业的管理效率和经营效益，关系着一个企业的发展。企业需要正视并管理好各类财务风险，才能确保自身的稳步发展。企业风险管理的重要性主要体现在以下 3 个方面，如图 4-1 所示。

（1）保证企业在经营环境中的资金安全

一个高效的风险管理体系能确保企业在变幻莫测的市场环境中的资金安全。通过建立 AI 大模型风险管理预警系统，企业可以有效识别和控制财务风险，保证企业财务信息的真实性、准确性和完整性。企业能够及时识别财务风险隐患，从而有效应对各类风险，优化资金流管理，提高资金使用效率，减少资金链断裂、投资策略失当等潜在危机，保障资金安全，显著提高市场竞争力和风险抵御能力。

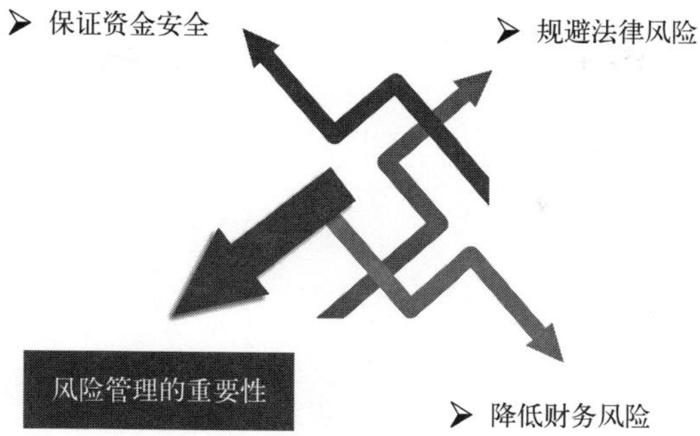

图 4-1 风险管理的重要性

（2）规避企业在经营环境中的法律风险

强化财务风险管理机制是企业在复杂的经营过程中规避法律风险的有效途径。采用严格的风险管理规程与内部控制制度，可保证经营活动的合规性，防止触碰法律红线，减少非法经营带来的法律诉讼及罚款风险。防范和控制企业法律风险，有利于树立企业的正面形象，增强投资人和债权人的信心，为实现稳健前行构筑坚实的法治基础。

（3）降低企业在经营环境中的财务风险

企业需直面信用风险、市场波动、操作风险等诸多风险挑战。企业财务工作对合规性和风险管理要求的极高。构建一套完备的带有合规规则和风险控制程序的 AI 大模型，使企业迅速察觉到财务风险，并及时应用技术手段，科学合理地控制和分散风险，减轻风险对企业日常经营的冲击，确保资金链的稳固，提升市场竞争力，为企业长期健康发展提供了强有力的保障，提高企业的管理效率和经营效益。

在企业经营中，风险是无法规避的。有经营就有风险，风险管理贯穿于企业整个经营活动。企业风险是客观存在的，不能完全消除，只能规避或控制。积极的风险管理可以提高企业的管理效率和经营效益，如及时催收工程款，及时催收发票，避免账面出现往来款余额过多的现象，影响企业纳税规模。风险具有不确定性，其造成的损失是不确定的。风险是可以度量的，尽管风险不能被完全消除，但企业可以借助 AI 大模型赋能财务场景，完成财务决策、处理经济业务、生成财务报表、管理财务风险，创建新模式，实现财务风险的智能化转型。因此财务风险管理是一个集成的软件平台，能够帮助企业实现对财务风险进行全面管理，通过控制台、任务调度、工作流管理等一系列功能，实现评估信用风险、预估市场风险和降低操作风险。

4.2 AI 大模型在风险管理中的应用

当今世界，会计行业正经历着前所未有的变革，人工智能技术逐渐在会计领域广泛应用，尤其给风险管理带来了较大的影响，提升了企业的运营效率。由于金融市场本身具有波动性和操作风险，企业在投资交易过程中总是会有潜在的损失风险。对企业风险的有效管理，关系到企业资金的稳健性，更直接影响到企业年度的经营成果和盈利目标，甚至决定了企业的生存和发展。从风险类别的角度来看，企业的风险主要包括信用风险、市场风险和操作风险。

随着人工智能的快速发展，利用 AI 技术建立风险预警系统已成为一种新的趋势。AI 大模型能够通过学习和模拟专家的决策过程，辅助管理层更好地对企业的各项风险加以防范和应对，构建具有财务数据丰富化、结算处理自动化、风险洞察实时化、决策模型定制化等特征的风险管理系统，如图 4-2 所示。AI 大模型在企业财务风险管理中的应对维度和功能优势如表 4-1 所示。

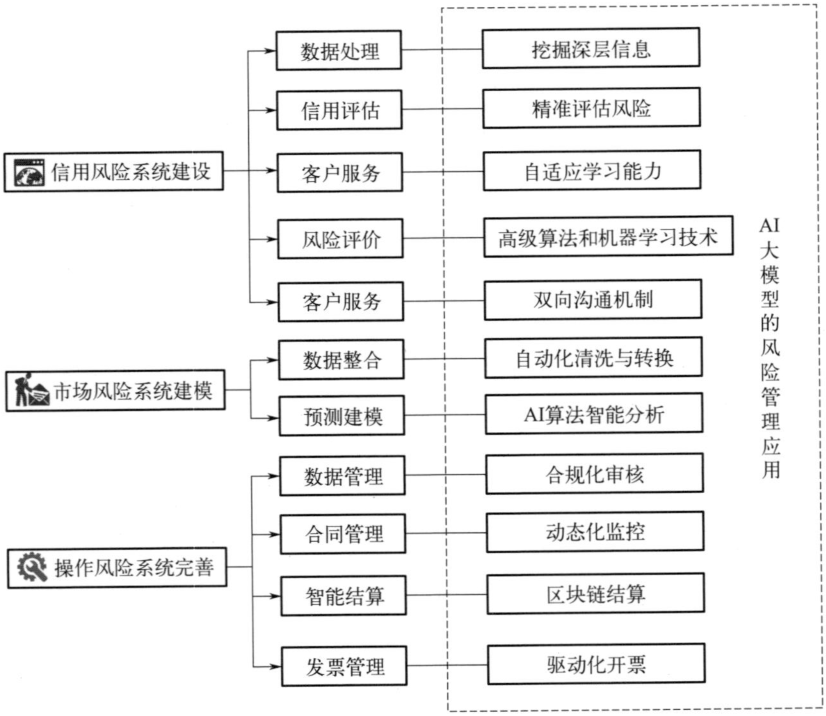

图 4-2　AI 大模型风险管理应用

表 4-1　AI 大模型在企业财务风险管理中的应对维度和功能优势

风险类型	简义	AI 大模型应用维度	功能优势
信用风险	交易对方到期不能履行合同义务或者拖延付款风险	客户服务	利用智能聊天工具提升客户满意度，提高信用率
市场风险	市场需求的变动、价格变动和竞争加剧导致的收入变动	智能分析	自动识别汇总数据，分析预测趋势
		预测建模	精准数据建模，预测未来趋势
操作风险	由于人为错误、系统故障或内部控制不完善等原因导致的潜在财务损失风险	动态监控	在数据驱动的结果下，正确执行财务操作，有效规避风险
		异常检测	及时有效识别潜在的财务风险

4.2.1　信用风险评估

（1）信用风险管理概念

企业在经营过程中，尤其在与企业、供应商、金融机构等进行交易时，会经常遇到信用风险问题。信用风险又称违约风险，是指交易对方到期不能履行合同义务或者拖延付款的风险。信用风险会使企业无法按时收到货款，导致企业的现金流和偿付能力下降，严重的情况下会产生额外的追债费用，降低经济收益。

AI 大模型在财会领域的应用为信用风险评估提供了全新的可能性。AI 大模型可以收集、整理和分析大量的企业信用数据，包括财务状况、信用评级、经营结果、现金流量等多元化信息。这些数据在以前是无法被有效利用的，而现在通过这些数据的深度挖掘和分析，企业可以更全面地了解自身的信用状况，进行更精准的信用风险评估。

（2）信用风险管理系统存在缺陷

良好的信用状态是企业金融活动正常开展的基础，这要求企业具有稳定的偿债能力。但是，现实中存在获取中小企业的信用信息成本高、跨境交易追索难及智能聊天缺乏人情味等原因，如图 4-3 所示，加大了信用风险的管理难度，企业需要谨慎地评估和管理此类风险，以防资金流失。

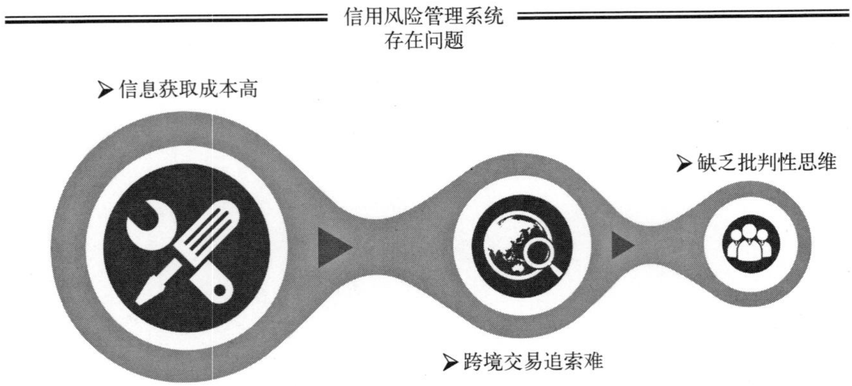

图 4-3　信用风险管理系统存在的缺陷

① 信息获取成本高。尽管大数据时代已经到来，信用风险管理体系依然存在有用信息获取成本高、信息透明度不足等问题，管理者在进行投资决策时难以获取全面的信息支持，更倾向于依赖经验作出决策判断，可能会产生金融投资风险。如果没有及时进行风险的预判，将带来无法预测的后果。

② 跨境交易追索难。信用风险在企业与银行跨境贸易交易中不可避免。进出口商、银行、保理中介等作为参与主体，都可能存在信用风险。由于空间差距、时间因素等限制，如对方外贸企业未能按照合同按时支付货款，无法及时追索，影响资金的流动性和财务稳定性。

③ 缺乏批判性思维。虽然 AI 大模型具有巨大的潜能，但它并不能完全替代所有的风险管理工作，主要因其缺乏创新思维和批判性思考，无法理解和处理复杂的道德问题，缺乏人情味。在信用风险管理中，这些要素极其重要。这是信用风险管理活动要思考的问题之一。

（3）建设 AI 大模型信用风险管理体系

近年来，随着信用信息得到经济市场的普遍关注，信用数据的整合能力与精准评估成为企业信用管理体系建设的基础。AI 大模型嵌入风险管理系统具备大规模的自动识别和提取数据的能力，对企业进行信用评估，密切跟踪并评价企业信用数据，揭示不同数据之间的内在联系，为信用评估奠定更全面的信息基础，如图 4-4 所示。

① 数据处理。AI 大模型具有深厚的知识储备和强大的理解能力，能够深入剖析企业业务的逻辑关系。在整合各类信用数据时，能够挖掘深层次信息，为企业提供更为全面精准的信用评估，从而建立健全信用风险管理体系，重点保护和提升企业资产质量，确保企业稳健运营。

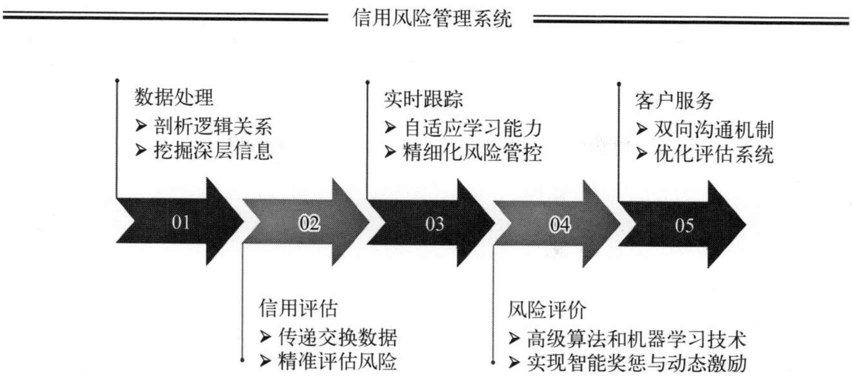

图 4-4 AI 大模型嵌入信用风险管理系统

② 信用评估。AI 大模型利用互联网技术在信用风险管理中展现了独特的技术特点，为信息传递与数据交换提供了平台，使得企业信用信息快速地相互传递。以信贷领域为例，AI 大模型能够对债务人的财务状况、还款能力、信用评级、业务范围及经营状况等海量数据进行精准评估，清晰了解其违约风险和违约概率，将其纳入贷款和融资决策的全过程，精准地预测未来的违约风险。

③ 实时跟踪。金融机构必须建立有效的信用风险监控体系。AI 大模型具有自适应学习能力，能实时对债务人进行监督和跟踪，处理多种类型的信用数据，如文本、图像或视频，审查企业的贷款组合，结合市场行情，评估潜在的信用损失，及时识别潜在的信用风险。企业应当创建融资管理体系，自动获取融资管理系统的基础数据，如银行授信、借款合同、资金流动、利息计算等数据，提高企业资金管理的安全性和平衡性。以 ChatGPT 为例，它能从海量的文本数据中快速提取并分析企业信用的相关信息，整合成一份完整全面的企业信用特征，并根据这些特征建立精细化的信用风险监控体系，这不仅大大减少了人工整理分析的工作量，还提高了信用决策数据的时效性和精准性。

④ 风险评价。AI 大模型的交互性特征能够实现信用的智能奖惩与动态激励。运用有效的双向沟通机制，AI 大模型能实时收集使用者的反馈和意见，根据市场的变动及时更新信用评分参数，以此调整和优化信用评估系统。区块链技术拥有不可篡改的信用活动记录，增强了信用交易的透明度和安全性，降低了欺诈风险，提升了信用风险管理的效率，增加了信用风险管理的安全性。

⑤ 客户服务。AI 大模型为企业风险管理带来新的趋势。传统的信用评估直接将企业的信用等级归为某一类，忽视了其背后的多变性。而 AI 大模型可以根据用户的需求和偏好，运用先进的机器学习算法和深度学习模型，提供定制化的信用评估服务，生成个性化财务报告与数据分析，增强了信用评估的准确度，同

时提升了社会对信用风险管理体系的信任感。如通过高级算法和机器学习技术，AI 大模型可以从历史数据中提取借款人的信贷信息，进行信贷评分，可以更准确预测企业未来的信用表现，实现企业信用资产的智能化管理和分析，显著提高决策效率与准确性。在检查不合规或不正常交易时，AI 大模型可借助模式识别和异常检测技术，实现风险的早期识别和有效控制，提高精度和效率，防止欺诈行为的发生。

4.2.2 市场风险分析

（1）市场风险管理概念

市场风险是由市场变动、汇率波动等因素给企业带来额外的经营中的波动和损失的风险。市场变动包括商品价格的波动、利率变化、市场需求、供应变化等因素，这些变动都会影响企业的盈利能力和资金流动性。

（2）市场风险管理系统存在缺陷

① 变化的环境因素带来风险挑战。市场环境本身存在的复杂性和动态性，主要涉及宏观的政治、经济、法律环境，以及微观的行业、市场、技术环境。这些不断变化的市场环境因素潜移默化地影响着企业的发展，带来风险与挑战。当前国家政策的转变、市场需求的影响、新技术革命等，都可能引起市场风险的变化。

② 不完善的监测机制引起风险问题。由于市场环境的不确定性，企业面临着较多的市场风险和资金问题。具体包括经济波动、行业竞争、政策调整和市场需求变化。企业可建立市场监测机制，密切关注宏观经济波动周期、政策与监管环境的动态变化、金融市场的不确定性等因素，通过建立 AI 大模型，进行市场分析和预测，较早发现市场变化，及时制定应对政策，减少市场波动对企业经营造成的不利影响。

③ 传统预测方法影响数据真实性。有效预测市场趋势可以帮助企业更好地管理资源，优化投资决策，提前对市场风险作出响应。传统的市场风险预测方法过于依赖历史数据。通过分析近几年的历史数据，预测未来市场的发展趋势存在明显的局限性。如直线方法操作简单，但宜基于增长率保持不变的假设。移动平均法虽然可以克服直线方法的问题，但不适用于季节性变化不明显的数据。这些传统的预测方法都基于未来数据变化会遵循历史的假设条件，没有充分考虑外部

环境的变化，如果遇到经济危机或者经济政策变动等突发事件，会产生市场数据预测的偏差，影响企业管理者的投资决策。

（3）优化 AI 大模型市场风险管理系统

AI 大模型技术的融入为企业的市场风险管理系统带来新的变革。AI 大模型可以利用深度学习技术从历史数据中提取趋势并预测市场的未来走向，识别股市的发展状况，预测价格波动，监测市场风险，优化财务工作流程并提升决策质量，如图 4-5 所示。

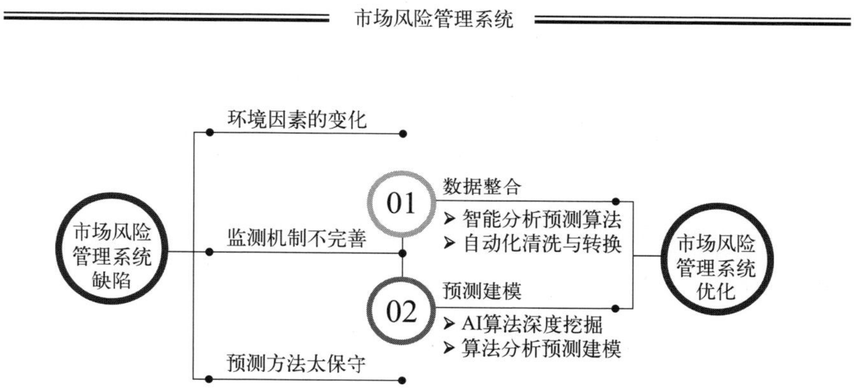

图 4-5 市场风险管理系统的缺陷及 AI 大模型优化

① 数据整合。凭借数据挖掘和预测算法，AI 大模型在市场风险管理系统中的应用维度主要是智能分析和预测建模，致力于为公司提供更精确的财务预测辅助。首要任务是解决数据采集与整合的问题，通过搭载先进的物联网设备和传感器技术，实时收集相关市场风险数据。为了确保数据整合前后的一致性和准确性，应借助集成工具自动化清洗、转换和加载所有数据。AI 大模型不但能够自动化驾驭庞大的风管数据，还能通过市场数据的深入分析，为企业的战略提供坚实的依据。

② 预测建模。大数据的引入不仅带来了海量的数据，还在于对市场动态的深入处理与分析，提炼出有价值的市场数据。随着大数据和 AI 等新兴技术的广泛应用，许多数据的收集和处理可以自动化完成，提高了数据处理的时效性。AI 大模型利用大数据分析工具自动收集并整合相关产业运行数据、客户使用情况及市场状态，再将数据上传至中央数据库。结合 AI 算法如（回归分析、聚类和神经网络）深度挖掘数据，建立企业经济趋势和市场变化的预测模型。时间序列分析可以准确预测产品需求波动，机器学习模型可对影响企业销售的各项因素进行

剖析，优化销售策略。AI 技术（如深度学习）利用先进的算法分析全球市场的大量数据，能够模拟不同市场场景对企业财务可能造成的影响，提供合理的资产组合建议，避免了巨大的经济损失。由此可见，AI 大模型运用其在大数据中发现模式的能力，预见公司的财务表现和市场趋势，有助于企业减少市场风险，确保资产的安全性，为企业提供实时风险预警和优质决策支持。

4.2.3 操作风险分析

（1）操作风险管理概念

企业在日常经营过程中必然会遇到操作风险，这种风险主要由于企业内部人与人之间、系统与系统之间或者操作之间缺乏沟通或联系，这会造成直接或间接的财务损失。操作风险主要是指企业内部管理不善、人为错误、系统故障或外部事件等导致的交易操作失败或损失的风险。操作风险影响企业的资金流，对企业的经营活动和财务状况会产生不利的影响。在企业经营的过程中，操作人员缺乏专业知识和技能，人为的错误操作肯定会对支付和结算产生负面影响。

（2）操作风险管理系统存在缺陷

投资决策是一项高度专业化的活动，对相关人员的专业素质有较高的要求。在实际的业务流程中，操作风险时有发生，这些失误可能是源于数据操作、系统维护和安全保护方面的问题，没有及时抓住投资机会和识别潜在的风险，导致风险事件的发生，无法达到预期的收益。如图 4-6 所示。

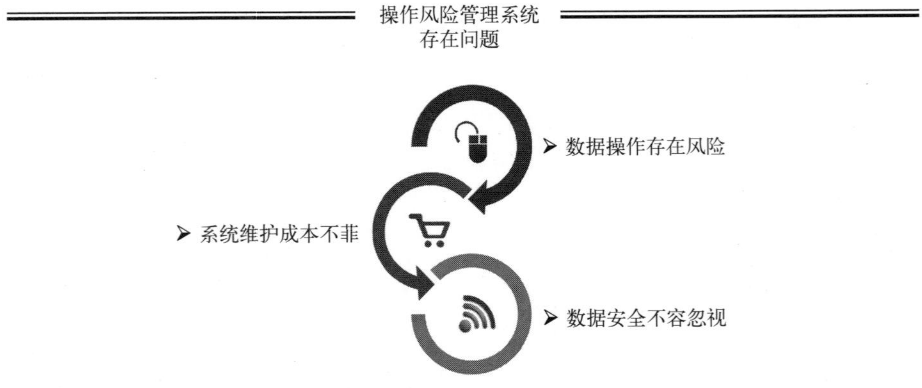

图 4-6 操作风险管理系统存在的缺陷

① 数据操作存在风险。企业风险管理工作需要处理大量的数据，操作者往往以主观想法记录关键信息，忽略其他看似“不重要”的数据。有些时候操作者还需要大量手动输入数据，如不小心输入有误的数据，后期检查数据过程会很复杂。当面对的样本庞大时，管理者可能会以抽样的方式来提高效率。样本的偏差和前期数据的不准确，会严重影响后期的企业审计结果。

② 系统维护成本不菲。AI 大模型风险管理系统是一种综合利用自动化、智能化、人格化技术，对企业数据进行多维度、多模态分析，应用于多种风险管理场景的软件系统。该系统的长期建立与运营需要大量资金。打造与企业相适应的个性化系统开发与维护的成本高，智能化升级费用不菲，对小企业来说前期投入与开发是一笔不小的开销。新技术层出不穷，后期一旦系统之间缺乏相应的关联，很多系统软件将被闲置。

③ 数据安全不容忽视。在风险管理系统的建设中，数据安全与隐私保护成为一个极为关键且不容忽视的挑战。在系统升级转型期间，涉及核心数据的采集、处理与分析的工作，如果安全保障措施不够有效导致数据外泄，会给企业带来重大的负面影响。因此，如何牢固树立数据安全防范意识，有效防范数据被误用或者泄露，是操作风险系统建设需要妥善解决的问题。

（3）整合 AI 大模型操作风险管理系统

企业要建立健全操作风险管理体系，优化内部流程，强化员工培训。借助 AI 大模型实现操作系统及时更新改造，加强信息交流，强化内部审计与合规检查。自动化处理财务数据，根据大数据的特征，进行自动化分析和验证，避免人工处理带来的误差，提高财务数据的质量，确保企业各项业务流程合理、合规合法。AI 大模型的应用使得许多财务会计的业务已经被自动化，比如海量的原始凭证的输入和分类、记账凭证的自动化处理与审核，减少错误和遗漏。同时，区块链技术给企业带来更加稳健的信任机制，促进不同系统之间的数据共享，进而优化风险评估模型，如图 4-7 所示。

① 数据管理系统确保合规。针对数据安全与隐私保护的严峻问题，务必强化和完善相应的安全保护体系，建立健全数据管理系统，明确规定数据收集、存储、处理和分析的具体准则，确保所有数据的合规性。区块链技术提高了数据的安全性和透明性，有效阻止非法入侵，保护个人隐私数据，提升数据安全防范意识。AI 大模型有能力分析大量的财务数据，定期检测安全漏洞，揭示潜在风险与异常状况。及时对企业操作风险点进行识别和响应，控制财务人员的权限，在合同管理、发票处理和支付结算环节中加速了风险管理的执行流程，大幅度降低

了人工介入的复杂度与时间成本，提高了操作管理效率。

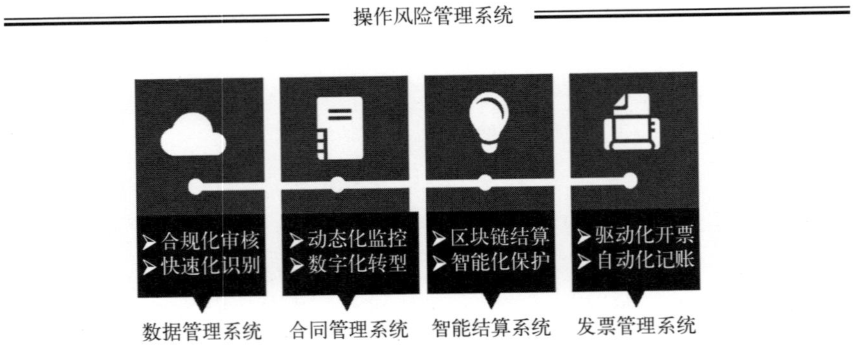

图 4-7 AI 大模型嵌入操作管理系统

② 合同管理系统全面自动化。作为企业风险监测管理的前沿发展趋势，智能合同管理系统致力于合同管理全面自动化，依托人工智能技术，减少人力介入，降低人为操作错误率，促进企业风险管理数字化转型。借助 AI 技术，该系统能够精准快速地对企业的交易合同实施动态监控，确定合同内容及执行情况的真实性和有效性，增强经济合同的透明度和公开性。智能合同管理系统的使用提升了企业支付结算流程的自动化程度，还为财务数字化建设提供了数据支持，保证了企业财务支付与合同管理的智能化和高效性。

③ 智能结算系统提高正确率。AI 技术同时可以为智能管理系统嵌入支付功能，采用先进加密技术以保证企业数据的隐私安全，妥善处理敏感数据。区块链智能结算需要多方维护，利用密码技术保证数据传输和访问安全，实现数据统一存储、防止篡改的分布式记账方法，主要解决传统财务模式下企业之间结算中对账时间长、成本高、错误率高等问题，形成区块链智能结算平台。操作者可以将销售双方订单、收发货单等资料上传至平台，运用对账规则自动对账。

④ 发票管理系统实现智能化。智能发票管理系统根据智能结算平台中的算法程序自动执行协议条款并驱动开具发票，自动审核后传递至购买方进行审查与登账。购买方的智能结算系统收到审核无误的发票后，结合记账信息和智能合同管理系统中约定的账期，到期自动支付。发票智能管理系统会填补、校验并剔除不合规的数据。通过校验几个字段判断某些数据行是否存在，保证系统只写入新的数据行，自动避免重复记录已存在的数据。

由此可见，AI 大模型嵌入风险管理系统形成的自动化数据整合流程不但可以提高经济业务流程的自动化程度，还可以实现企业交易数据全流程透明化和可追踪性。最重要的是能够减少因手动输入与数据迁移造成的错误和延误，打通系统数据的断点。AI 大模型建立的操作风险管理系统能够严格遵循预设的程序和逻辑进行，减少人为因素导致的错误，提高数据处理的准确性，提高财务数据的可靠性和合规性。

AI 大模型嵌入风险管理系统，深挖客户信用数据的潜在价值，助力企业获得全面有效的财务分析报告，为管理者提供强有力的决策支持。同时，提升企业的决策速度和资源配置效能，使企业在千变万化的市场环境中更精准地捕捉机遇，有效降低运营风险。最后，AI 大模型在风险管理实时监控与预警方面的应用，进一步加固了企业稳健前进的技术防线，为企业风险管理的转型打下了稳固的基础。

4.3 案例分析：以数智化手段助力金融机构风险管控

近期，某投行的金融业 AI 报告分析了人工智能在改变银行业务方式和风险管理方面的重要作用。该投行的高管也表示，人工智能将帮助工作者获得更多权利、创造新的工作机会及增加竞争性等来推动金融业的变革。未来，每位工作人员也都会拥有一个人工智能助手，以提高他们的财务工作效率。早期，该投行就成立了专门的研发团队，专注于各类 AI 应用的研究，其中重点探索如何利用人工智能来建立风险管理系统。同时，也通过与第三方合作，对 AI 在风险建模、身份验证、业务流程自动化等方面都做了一定的研究，带来了 AI 的新一轮技术变革和产业应用。构建大模型在金融机构风险管理领域完善的开发框架和应用框架，助力现有金融业务的数字化转型，有效提升金融机构风控水平。

中国的金融机构在积极使用和拥抱新技术，对于新的生产力也必然会有更好的应对策略。2023 年发布的《国务院关于推进普惠金融高质量发展的实施意见》提出，强化科技赋能普惠金融，支持金融机构深化运用互联网、大数据、人工智能、区块链等科技手段，优化普惠金融服务模式，改进授信审批和风险管理模式，提升小微企业、个体工商户、涉农主体等金融服务可得性和质量。随着人工智能技术的不断发展，AI 大模型在金融行业的应用日益广泛，成为行业发展的重要方向。据《每日经济新闻》报道，随着不断增长的数据量和日益提升的计算机技术，人工智能技术在支付、信贷、投研、投顾保险等领域均已有应用落地。中国工商银行在 2017 年就已经建立了人工智能实验室，而后又建立了人工智能平台，并已实现在数十个场景中的应用；腾讯集团利用对抗黑灰产沉淀的数据和模型，研发了金融风控大模型，加快风险管理数智化转型，助力企业资金风险管控。中国工商银行软件开发中心金融科技高级专家刘承岩认为：“AI 接下来对于金融的影响肯定是快速且立体的。”从数据层面来看，减少数据孤岛，未来的数据会由各种 AI 工具或政策连接起来，能够消除一些不对称的信息，提高识别金融风险的效率。腾讯安全金融风控总经理陈波提到，AI 会提高银行的供给能力，改变其服务模式。“整个大模型技术的出现会让金融业的预测成本大幅降低，大幅提升银行供给端的能力，从而让每个人都享受到高质量的金融服务。”陈波表示，当前消费者还是通过手机和界面触及的模式使用金融服务，未来消费者会直接通过自然语言和机器对话的方式使用金融服务。

随着人工智能应用范围的飞速扩展，AI 大模型的发展也给金融机构带来了挑战和问题。相较于传统模型风险管理，AI 的应用扩大了计算机领域的多种风险，如模型偏见和歧视、模型透明度和可解释性、错误信息或虚假信息、推理攻击、知识产权、数据隐私和安全、模型稳定性、技术管理和复杂性等风险。国内某综合性专业服务机构也围绕这一技术发展不断地制定监管某 TrustAI 框架，始终服务于中国改革开放和经济建设的前沿。

4.3.1 AI 大模型给金融机构风险管理带来新变革

金融行业是一个数据密集的行业，投资决策结果高度依赖于数据支持。运用 AI 大模型，企业能够有效甄别风险，实时监测和精准投资，进而实现企业资源的有效转化和配置。AI 大模型在金融机构的深入应用，给风险管理带来了前所未有的变革力量与创新机会。

（1）数字转型，共享先行

数据是发展新质生产力的重要基础。金融机构在探索 AI 大模型的优势时，首先是加强自身与客户之间数据的挖掘与管理。假如这些数据能够被结构化并精准挖掘，将对金融行业的发展产生极大的价值。其次，建立风险管理中心系统，促进风险管理职能的变革。金融机构与企事业单位及电商平台拥有丰富的企业和个人数据，实现机构与他们之间的数据共享与协作可以为风险管理提供坚实的数据基础。金融机构风险管理共享中心的任务包括：完善内部风险管理制度，对经济事项进行合法合规性审核，对发现的问题进行风险预警，逐步形成大数据中心，将数据由分散转为集中处理，引领金融机构数据系统的数字化变革。

（2）数智应用，风险管控

数据价值必须在应用场景中才能实现。风险管理中心系统的建立，内含各个应用场景，使得原本分散的应用场景转变为共享中心统一管理的模式。通过 AI 大模型实现数据传递，金融机构建立核心客户与上下游客户的链接，以发散性结构，形成相互联系、纵横交错的供应链立体方阵，形成客户状况的全景视图，提升金融服务的透明度与可靠性，降低企业风险，推动实体经济的发展。大数据的处理与管理能力是金融机构的核心竞争力。结合 AI 大模型与海量数据库，分析客户的交易方式，建立信用风险监控体系。利用数据合成和相互佐证，多角度识别异常交易，及时发现潜在风险，探索新型风险评估模式，实现风险管理领域的转型。

4.3.2 AI 大模型给金融机构风险管理带来新挑战

人工智能给风险管理带来了前所未有的机遇，也伴随着巨大的挑战。金融机构唯有变中求新、变中求进，参考某 TrustAI 框架（可信 AI 框架）进行 AI 模型的治理，如图 4-8 所示。将其嵌入金融机构的模型风险管理流程，更好地协助机构在模型应用中维护客户隐私、严格管理风险、保障金融稳定。

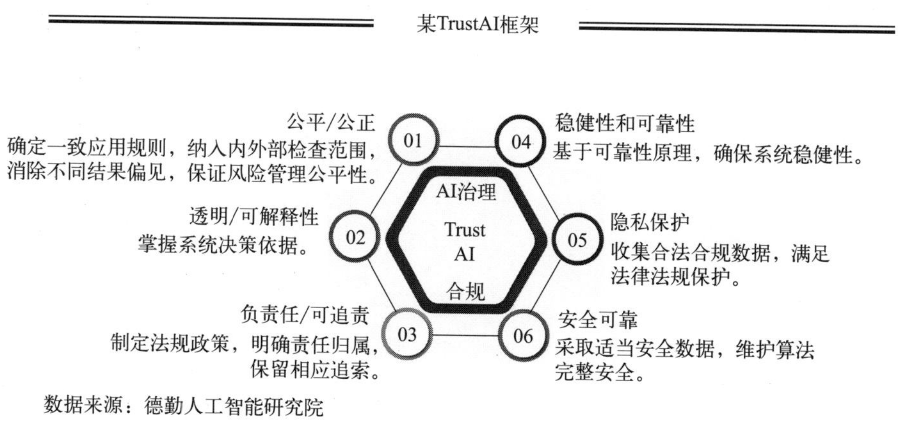

图 4-8 某 TrustAI 框架

（1）公平 / 公正

为了消除风险管理中的不同结果偏见，AI 大模型将一致的应用规则纳入内外部检查范围，尽可能保证风险管理的公平和公正。

（2）透明 / 可解释性

AI 大模型之间的交互各方知晓对方是 AI，而非人类，并掌握风险管理系统的决策依据和原因。

（3）负责任 / 可追责

AI 大模型复杂性和自主性日趋增加会影响风险管理系统背后管理者的最终责任边界。应当制定相应政策明确责任归属，确保受 AI 决策影响的一方在遭受损失时享有及时追索权。

（4）稳健性和可靠性

金融机构对 AI 大模型稳健性和可靠性的要求应高于或等于对相关专业人员的要求。

（5）隐私保护

AI 大模型中的数据应当在满足相关法律法规对隐私保护的要求下收集。

（6）安全可靠

深度伪造与身份验证的攻防是 AI 时代的金融安全挑战之一，金融机构应该采取相应安全措施，保证 AI 数据和算法的安全性和可靠性。

某 TrustAI 框架与风险管理系统的结合，有助于智能分析的结果更加接近数据源，提高风险管理的可靠性和合规性，具体操作步骤如图 4-9 所示。

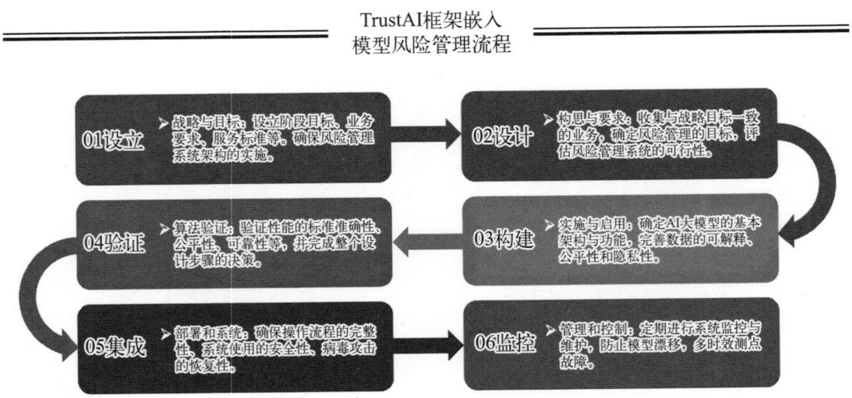

嵌入模型来源：德勤人工智能研究院

图 4-9　TrustAI 框架嵌入模型风险管理流程步骤

（1）AI 大模型设立与设计阶段

设立阶段目标、业务要求、服务标准等规定，划分不同利益方在 AI 大模型生命周期中的角色和责任，成立 AI 伦理咨询委员会。确定风险管理目标，评估风险管理系统的可行性。

（2）AI 大模型构建与验证阶段

基于 AI 大模型的设计要求，确定 AI 大模型风险管理系统的基本架构和功能，完善数据的可解释性、公平性和隐私性，在这一阶段完成整个设计步骤的决策。

（3）AI 大模型部署与集成阶段

增强操作流程的完整性，降低恶意攻击风险，防止敏感数据外泄，确保系统被攻击后的及时恢复能力。

（4）AI 大模型监控与管理阶段

监测数据质量、模型设计管理、市场变化等对风险管理系统有影响的监控指标，及时发现失真数据及失效风险。

展望未来，伴随着人工智能在金融行业的进一步应用，AI 大模型有望推动金融行业风险管理的有效监控，事前防范潜在金融风险，有助于减少行业发展的堵点和淤点，推动金融体系高质量发展，对产业协作和行业格局带来深远的影响。

5. 智能审计

5.1 传统审计流程与挑战

5.1.1 传统审计流程

不借助数字化、AI 技术，传统的设计流程主要以审计人员的人工检查为主。

在审计调查了解、确定审计计划、签订业务约定书等前期准备阶段，审计人员需要手工检查被审计单位的行业信息，翻阅被审计单位的会议记录等资料，了解被审计单位组织架构、运营模式和信息系统等相关情况，评估风险并签订纸质业务约定书。

在审计实施阶段，审计人员需要理解被审计单位的流程图、访谈记录、人工发放并汇总调查问卷等，翻阅内部控制制度并测试评估，检查其内控的流程是否恰当，生成内部控制测试文档。此后，根据内控情况确定实质性测试的时间、范围和性质，凭借审计人员的经验，运用计算器、简单的表格进行数据分析，选取样本进行抽样测试。最后，对收集到的审计证据进行充分性和适当性的评价。

在审计报告阶段，审计人员根据前述收集到的相关信息撰写审计报告，并进行人工复核。

5.1.2 传统审计的挑战

在传统的审计流程中，有经验的审计人员更易发现审计项目存在的问题，也没有计算机等新科技的知识壁垒，只需要针对项目的性质招录财务、工程等专业的人才即可，但是这种模式也存在以下几点问题：

（1）审计覆盖范围有限

在传统审计框架下，审计工作的实施主要侧重于现场审计模式，这一模式固有地受限于时间与空间的物理维度，从而引发了一系列时效性与成本效益方面的问题。具体而言，现场审计要求审计人员亲自前往被审计单位，进行实地资料收集与核查，耗时长、成本高。更为重要的是，这种审计方式往往局限于对已经发生的经济活动和财务记录的审查，即主要实现事后监督功能。尽管这对于评估历史数据的准确性和合规性至关重要，但它无法有效涵盖事前规划与事中控制的审计需求，从而造成了审计监督在时间维度上的断裂。事前监督的缺失意味着无法及时识别并预防潜在的错误或违规行为，而事中监督的不足则限制了及时纠正偏差、优化业务流程的可能性。因此，传统审计在覆盖时效性上的局限，不仅削弱了审计工作的预防性和前瞻性，也影响了其作为风险管理工具的有效性和全面性。此外，在数字经济带来新领域等方面，传统的人工审计也会因技术受限而无法深入，这制约了审计工作的发展。

（2）审计工作质效有限

传统审计流程中，抽样检查作为一种常用的审计程序，虽然在一定程度上降低了审计工作的绝对工作量，但实则带来了效率与准确性的权衡问题。抽样检查的实施依赖于审计人员的主观判断与经验选择，这既消耗了大量的人力资源，也延长了核查过程的时间。由于抽样本身存在的不确定性，审计结论的可靠性往往依赖于样本的代表性及审计人员的专业判断，这进一步增加了审计结果的波动性和不可预测性。此外，即便在抽样范围内发现了问题，追溯并核实全部相关交易或记录的完整性也可能需要额外的时间与资源，从而进一步拉长了整个审计周期。这种效率上的不足，不仅限制了审计部门快速响应组织内外部需求的能力，也削弱了审计在及时发现并解决潜在问题方面的作用，影响了审计工作的时效性和价值创造。

（3）能力延展性有限

在传统审计实践中，风险识别与问题判断的能力高度依赖于审计人员的个人专业素养和工作经验。这种个人化的知识积累与技能应用，虽然在一定程度上保证了审计工作的专业性和深度，但同时也带来了能力延续性的挑战。一方面，审计人员的个人经验难以直接转化为组织层面的知识体系，导致审计机构在人员流动时面临能力断层的风险；另一方面，过度依赖个别审计人员的判断，可能使得审计标准与程序缺乏统一性和稳定性，影响审计结果的一致性和可比性。因此，传统审计模式下，审计机构的整体能力易受人员变动的影响，难以形成稳定且可持续的审计文化。这不仅限制了审计机构在复杂多变环境中快速适应和创新的能力，也影响了其作为组织内部控制和风险管理重要支柱的长期有效性。

为克服这些局限，探索并实施审计方法与技术的创新，如数字化审计、AI审计等，成为提升审计能力延续性、覆盖面和审计质效，促进审计机构可持续发展的关键路径。

5.2 AI 大模型在智能审计中的应用

5.2.1 自动化审计流程

（1）自动化审计基础

“感知 - 思考 - 行动”认知循环的人机协同式智能流程自动化（IPA）的运行，是 AI 技术能够应用于智能审计，从而形成自动化审计流程的一个重要基础。IPA 在审计领域的应用主要通过结合机器人流程自动化（RPA）、人工智能技术和其他新兴技术，实现审计工作的自动化和智能化。

在 IPA 工作的每一个工作任务中，AI 大模型均需对任务进行感知，并对其进行分析思考，结合系统中已有的数据库储备迅速匹配最合适的审计方案，最后执行行动。在这三个步骤中，经过良好训练的 AI 均能通过规范统一的智能感知代替人工感知去感知，通过 AI 机器智能代替审计师去思考，以及通过自动执行代替人工执行去行动，从而将程序化、统一化的工作交由 AI 执行，帮助审计师从常规重复的简单工作中解放出来，去思考和解决更需要主观能动性的工作，具体的流程如图 5-1 所示。

运用 IPA 技术，在提出审计需求后，大语言模型智能体会自动对需求进行感知处理，在后续流程中采用全过程自动化的方式推进审计。该技术可以帮助审计工作从传统的抽样审计向全面审计过渡，从以结构化、财务数据为主的审计向更加全面的非结构化业务信息审计转变，使审计工作在提升效率、提高准确性等方面取得显著的突破。如图 5-2 所示。

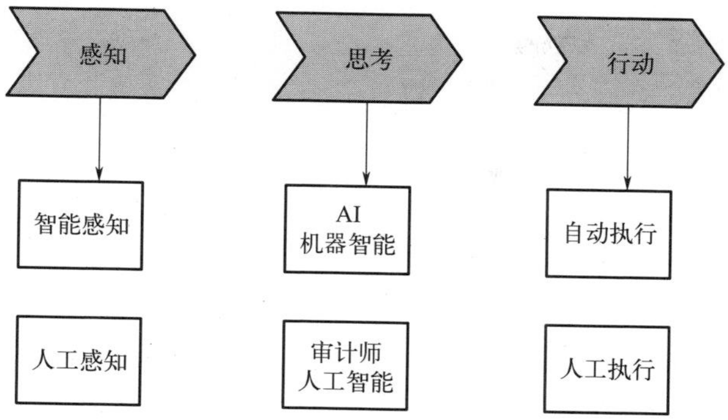

图 5-1 自动化审计流程

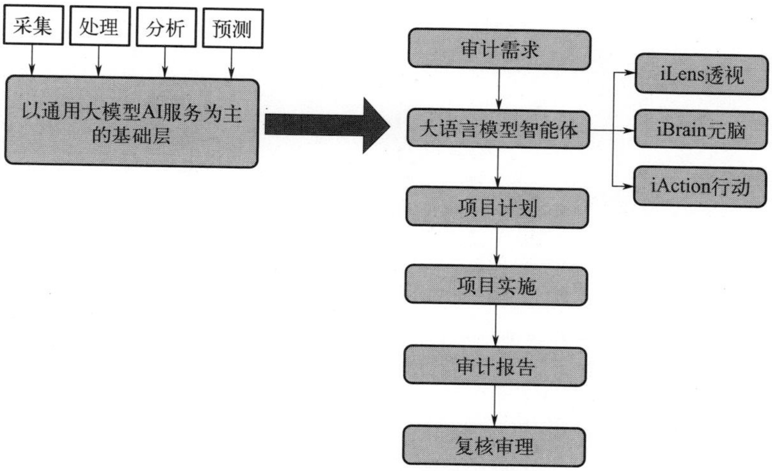

图 5-2 AI 大模型工作流程

（2）自动化审计方式

以下是 IPA 自动化审计流程的主要步骤和应用场景，如图 5-3 所示。

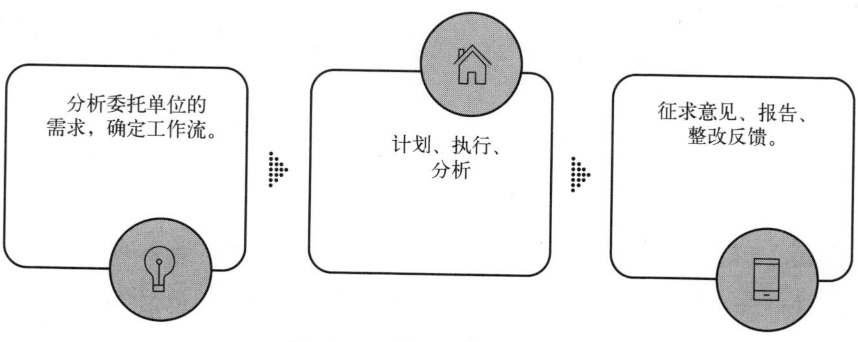

图 5-3 审计项目常规流程

① 审计需求分析。首先，要针对审计的需求，对审计流程进行详细分析，确定主要、次要和较低层次的工作流程。这一过程涉及识别审计过程中的各个环节，如计划、执行、分析、报告及整改反馈等，以及每个环节中的具体任务。

② 自动化单个审计任务。在理解了审计流程的结构和性质之后，可以开始将审计任务自动化。这包括使用 RPA 工具处理结构化任务（如数据提取和文件组织），以及使用 AI 技术处理半结构化和非结构化任务（如风险评估和合同处理）。

③ 形成 IPA 循环。将单独的审计任务集成到嵌套的工作流程中，形成一个完整的 IPA 循环。在这一过程中，RPA 工具负责执行重复性高的任务，而 AI 技术则用于辅助审计人员进行决策和风险评估。如图 5-4 所示。

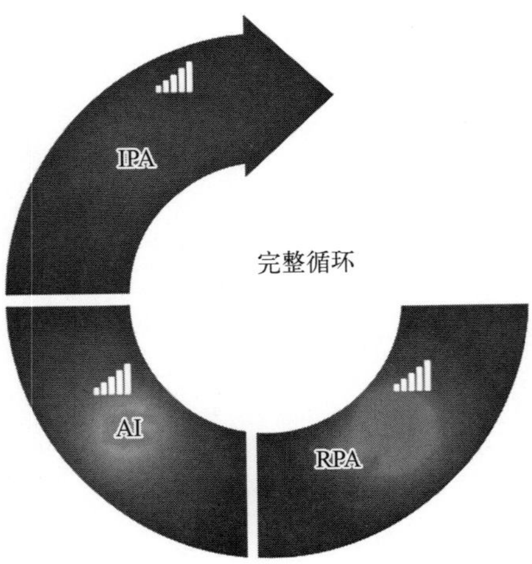

图 5-4 IPA 循环图示

IPA 通过结合 RPA 和 AI 技术，不仅提高了审计流程的自动化水平，还增强了审计的准确性和效率。在审计的实际应用方面，各家会计师事务所在进行深入的探索，如安永应用人工智能通过其专有的 RPA 系统自动执行日常审计业务（包括 50% 以上的银行审计），其声称该技术能为客户提供更为高效精准的审计。又如，德勤在探索审计工作增值方面，开发的审计工具“小勤人”能够自动化完成审计证据的获取、底稿编制和审计报告的编制，大大提高了审计效率。

尽管 IPA 技术的应用带来了显著的效益，但审计质量仍然高度依赖于审计人员的专业判断，因此人机协同将成为未来审计工作的主要场景，如图 5-5 所示。

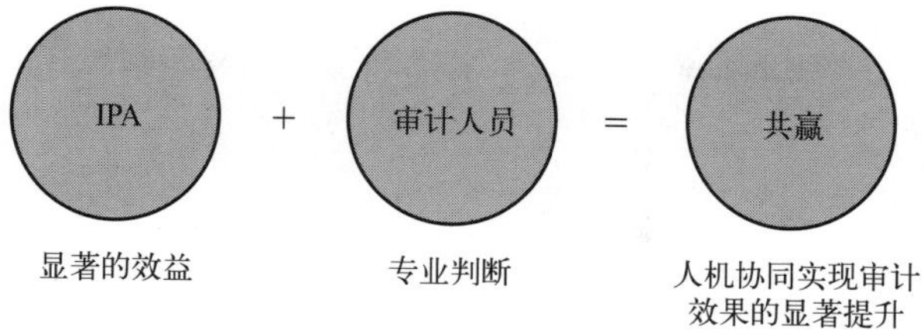

图 5-5 IPA 审计效益

5.2.2 审计各阶段的 AI 应用场景

在还未完全形成审计全流程自动化的当下，探索 AI 在具体审计事项中的应用十分重要。在审计工作开展的各个阶段，AI 大模型有其不同的适用场景，不同阶段所需要的模型也不尽相同。因此，审计工作人员需要针对不同场景选择合适的 AI 大模型，同时，专业部门及人员或相关机构可以根据审计专业需求，对已有的 AI 大模型进行微调训练，开发出符合相关领域审计规范、更适用于对应模块审计工作的模型，并将其应用在事务所、企业的内审机构或审计机关，用于开展具体审计流程，或可将其应用于其他政府部门或企业，用于收集基础数据资源。在具体的审计工作中，审计人员可运用 AI 技术的数据分析、图像影音分析能力、文字生成能力等对数据、资料进行分析、处理、生成，以提高审计的质量、效率，如图 5-6 所示。

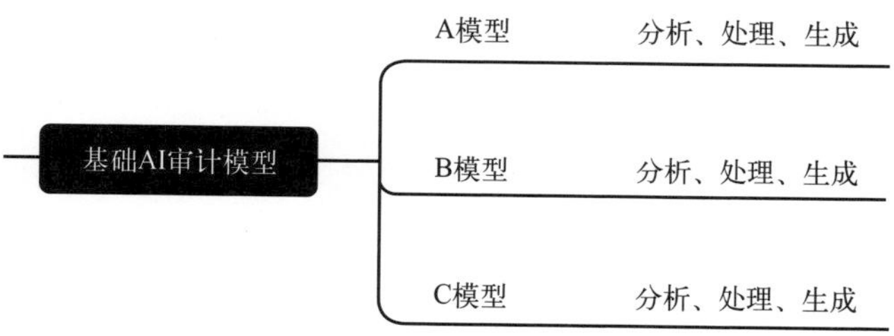

图 5-6 IPA 审计效益

以国家审计为例，在国家审计的计划编制、实施及审计报告阶段，AI 的数据分析、图像分析、语音识别、文字生成等能力能够在一定情况下减少审计项目工作中的盲区和死角，同时在一定程度上提高审计的效率。但是 AI 在国家审计中也不是万能的，需要把握好每一步审计流程中适用的 AI 方法，具体的应用模式如表 5-1 所示。

表 5-1 AI 在审计中的应用方式

审计阶段	AI 在审计中的应用方式
审计计划阶段	① 跨多部门系统对历史审计频率等数据进行学习、分析，推测年度审计项目优先情况。 ② 运用自然语言处理技术（NLP）对党和国家重大决策部署文件、重大政策文件、当地党委、政府部门规划、群众举报及公众关注的事项等进行读取、分析审计需求，研判年度审计重点事项。 ③ AI 对各项目的资料进行识别、分析，初步进行可行性研究。 ④ 运用 NLP 技术编制初步年度审计项目计划及工作方案
审计实施阶段	① 运用机器人流程自动化（RPA）技术大批量财务数据的迁移、核对，形成审计适用的资料。 ② AI 可高效阅读审计对象会议记录、纪要、内控制度、“三重一大”、新闻报道等材料，帮助审计人员进行分析总结，并据此绘制审计项目个性化风险画像，形成初步审计实施方案。 ③ 运用语音识别技术识别审计谈话中的高频词及重要信息。 ④ 运用视觉技术对疑点图像或视频文件进行识别、分析。 ⑤ 运用 RPA 技术自动执行部分抽样、测试等审计程序，在一定情况下，运用审计模型对数据进行全量测试。 ⑥ AI 智能问答系统辅助审计人员快速知悉法规、案例、标准等所需材料
审计报告阶段	① 运用大语言模型（LLM）分析审计底稿和证据材料，识别潜在的错漏、矛盾问题。 ② LLM 模型帮助评估审计发现的问题及建议质量，并评估审计目标的实现情况。 ③ LLM 模型快速初步生成审计底稿、审计报告、移送书等审计文书。 ④ AI 自动跟踪、检查审计整改情况并发布提醒
审计整改阶段	① 搭建含基础功能、数据处理、监控预警模块的审计整改管理数据库。 ② 运用 AI 实现数据采集（标准化转换）、深度分析，以图表等形式可视化呈现。 ③ 依托 AI 检索功能，联动内部数据库与外部专业网站，核验数据并排查风险

（1）审计计划阶段

① 运用数据分析和 NLP 技术等协助编制年度审计项目计划。如在经济责任审计中，可以结合 5 年全覆盖的要求，对审计机关近 5 年的审计项目安排情况及组织部门人事变动数据进行分析，筛选出项目优先安排情况。又如，抓取前一年度下半年及当年国家领导人重要讲话精神、当地主要领导讲话精神及工作部署文件等中的高频词，确定需关注事项，安排专项审计调查等。

② 运用语言识别及生成技术协助编制审计工作方案。运用 AI 技术对拟安排的审计项目进行可行性研究，确定审计项目计划并生成工作方案。

（2）审计实施阶段

① 运用 RAP 和 NLP 等技术对项目进行调查了解。在审计调查阶段，RAP 技术能够快速、大批量、自动化地将财务数据迁移到审计软件中，同时依据会计勾稽关系等对数据进行核对，提高了审计的效率和准确性。此外，运用文字识别

能力高效阅读审计项目文件，对高风险事项进行初步甄别和分析。

② 运用 LLM 模型等协助编制实施方案。大语言模型能够在前期运用审计规范等对其进行训练的基础上，根据规范生成初步的审计实施方案，审计人员可根据发现的其他重要事项等对实施方案进行补充完善。

③ 同时综合运用数据分析技术、图像识别技术、语音文字分析技术等获取审计证据，并进行审计记录。这一环节审计可以充分利用 AI 技术去发现问题、证明问题，是提高审计质量的关键。可以利用 AI 应用程序查看、分析摄像头捕捉的视频、图像，如对公务用车在加油站加油的批量画面进行截取，确认是否存在违规加油、违反公车管理规定的情况等，也可以运用 AI 识物功能对实物进行盘点。数据分析阶段，传统审计模式受制于人员、时间安排，只能对部分事项进行抽样审计，但运用 AI 技术一方面可以自动对部分事项进行抽样测试程序，提高效率；另一方面对于某些事项，也可以进行全量测试，提高审计准确性。

④ 运用 LLM 模型等自动生成审计记录。对于运用 AI 识别出来的问题，可以自动通过 AI 文字生成功能进行记录。

⑤ 可以在对 AI 进行投喂和训练基础上，创建对发现的问题进行定性与评价的基础 AI 模型，对于发现的问题，按照依法依规、权责一致等重要原则进行定性后，按照定责与不定责进行初步区分，将问题定性、定责、评价及结果运用进行有效链接。

综上，经济责任审计流程如图 5-7 所示。

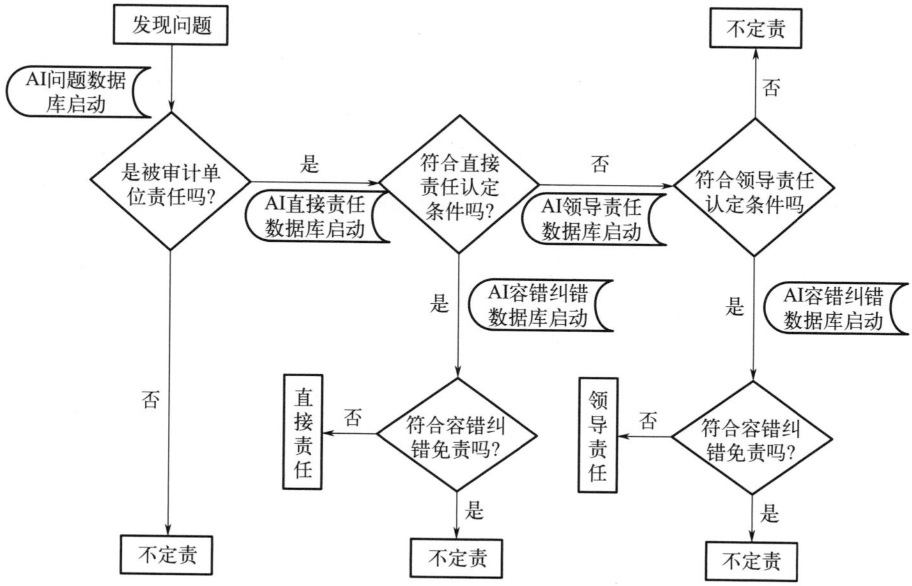

图 5-7 经济责任审计流程

（3）审计报告阶段

① 运用 LLM 模型等协助出具审计报告和作出审计决定。AI 文字分析和生成技术能够辅助审计人员根据审计项目的基本情况和前期记录的审计事项等形成审计底稿，提出审计建议，并形成审计报告。在此期间，可以运用 AI 技术对审计过程中发现的各项问题进行初步审核，排查错漏。

② 运用 AI 技术追踪审计整改情况。可以将 AI 技术嵌入审计整改系统，按照事先编写的 RPA 脚本自动操作计算机中的各种软件，实现业务流程的自动化，基于自然语言处理技术，自动生成业务流程和 RPA 脚本，实现端到端的智能自动化，如自动对被审计单位上传的审计整改方案进行识别，与审计整改要求进行比对，作出批注，作为审计人员的审核参考，自动退回不符合要求的事项，自动对超期问题发出提醒等，如图 5-8 所示。

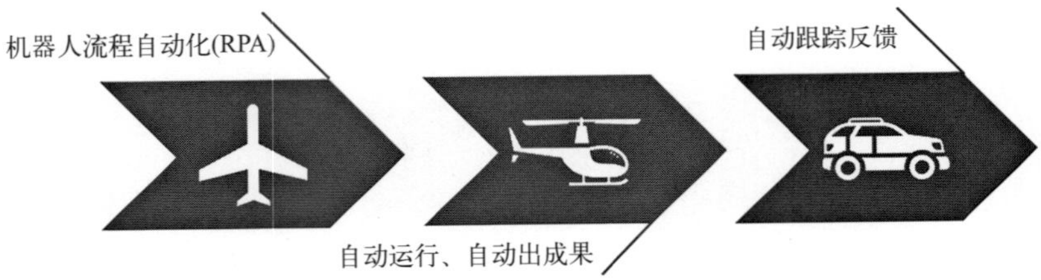

图 5-8 RPA 工作流程

（4）审计整改阶段

审计问题整改是指对审计过程中发现的问题进行有针对性的、明确的改进和纠正，确保公司范围内同类事项不再出现类似问题，整改能够提升企业管理水平，防止潜在风险转变成现实问题。

① 搭建审计问题整改管理数据库，需要包括基础系统功能、数据录入整理、及时监控和提醒预警功能模块。

② 利用 AI 技术实现数据采集、分析和可视化功能。在采集与审计问题相关的数据时，需要利用大数据技术将非标准化数据转换为标准化数据，通过数据分析工具深入分析，交叉对比是否还有其他没有整改到位的问题。最后以图表、报告或看板的形式展示出来。

③ 建立审计问题整改数据库，可以系统全面地排查可能存在的风险点。对过去审计发现的问题、整改方案形成基础数据库，系统自带检索功能，一方面能够根据问题类型自动检索内部数据库；另一方面能够自动检索相关专业网站，如

通过企查查、法律裁判文书网站等，多维度检验数据的准确性和完整性，以更好地完成审计整改。

5.2.3 数据挖掘与异常检测

数据分析是审计计划和实施阶段的重要环节，在审计取证过程中具有重要作用。在审计过程中，AI 的应用可以为数据挖掘与异常检测充分赋能。AI 技术在软件基础、硬件基础和数据基础等基础层的基础上，构建出自然语言处理（NLP）大模型、计算机视觉（CV）大模型、多模态大模型等，通过对这些大模型的训练，开发出包括 GPT 系列、ResNet、CLIP 等模型，这些模型能够在各类语言、图像处理等任务上表现出色，为多渠道数据挖掘与分析奠定了基础。这些 AI 大模型均可应用于智能审计，在注册会计师审计、国家审计和内部审计中发挥巨大作用。

（1）审计中的 AI 数据挖掘模式

数据挖掘是指从大量的结构化数据或者非结构化文本中通过算法、统计分析方法提取出有价值的信息的过程。在审计过程中，对于大量的审计资料和数据，可以借助 AI 辅助生成代码，进行数据的检索、归集和分析；对于文本资料，可以运用 AI 进行信息挖掘，从而生成可用的数据并进行分析，比如，可以通过代码生成或 RPA 工具从国家及国务院或者本地的法律法规、政策库中自动获取文本，并运用 AIGC 对信息进行处理，构建关键词网络，或是对被审计单位的非结构化文本进行智能检索，获取关联企业、人员、金额等。

许多基于 AI 大模型开发的 AI 程序能够帮助审计人员更好上手应用 AI 技术辅助审计工作开展。比如，ChatGPT 的广泛应用就为审计数据挖掘提供了强大的助力，其应用场景之一即辅助 Python 进行数据分析与挖掘。Python 具有丰富的资源库和强大的数据处理能力，而 ChatGPT 的自然语言处理能力能够帮助非计算机专业的审计人员更加轻松地生成专业代码、理解数据模型并对算法进行优化，其具有较好的理解能力，能够使生成的代码更加连贯，减少重复输入和错误，在一定程度上提高了数据分析效率和准确性。运用 ChatGPT 可以使审计人员节省编写、调试代码的时间，将更多的时间和精力投入数据分析本身。

随着 AI 技术的不断发展，很多会计师事务所已经开始开发尖端的智能平台以实现自动数据挖掘功能。德勤探索运用人工智能对合同、发票、财务报表等信息数据进行收集审查，以减少人工劳动时间。普华永道运用与硅谷的公司合作开发的人工智能系统 GL.ai 对审计文件进行数据挖掘与分析，也有事务所运用 KiMi 将审计人员的需求转换成 SQL 语句，对预决算报告等进行数据挖掘。

（2）审计中的 AI 数据异常检测模式

在审计过程中，利用 AI 对数据进行异常检测可以帮助审计人员更好地识别疑点，判断审计风险。在事后审计过程中，可以运用 AI 对财务报表数据、工程项目结算和决算数据等进行分析，识别静态数据的异常，而更多的 AI 异常数据检测则运用在事中、跟踪审计过程中，比如内部审计可以实时对生产、营业数据进行跟踪检测，在数据异常时及时报送至审计部门，审计人员即可对数据进行核实、处理。

在审计过程中，运用 AI 对数据异常检测通常需要对 AI 模型进行训练，因为通用 AI 技术在审计实务中的适用性较差，其生成的结果存在信息密度低、相关性差等问题，也很难嵌入到具体审计程序中，因此，审计部门或相关机构需加强对审计 AI 模型的训练和开发。训练 AI 模型包括预训练和微调。就一般性审计工作而言，基于海量通用数据的大模型预训练代价高昂，需要大量的计算资源和时间，因此并不适用。因此，可以就审计专业领域对预训练好的模型进行微调，使用审计领域的数据集进行训练，以提高 AI 在审计领域中的表现。比如，对于 GPT 模型的训练，可以先安装第三方库如 Transformers，并下载预训练好的模型权重，收集整理好审计领域的数据集，如审计专业书籍、法律法规、国家审计的案例等，在收集到的数据集上对模型进行微调，此外，Deep Speed Chat、FastChat 等模型都可以在相对较低资源下对大模型进行训练，以提高 AI 在审计领域的适用性。此后，审计人员需要对开发的模型进行进一步的测试，确保其运行的稳定性和准确性。

在利用 AI 的数据挖掘技能实时整理形成大量符合标准的审计数据的同时，审计人员可以安装审计适用的 AI 模型，对审计数据进行实时监控审计。在注册会计师审计过程中，部分事务所已经开始运用 AI 技术对数据进行异常检测，以辅助审计工作的开展。比如，安永在审计过程中应用计算机视觉，使无人机对库存进行监控及异常识别，如进出生产工厂的车辆数据等，并将数据传输至其全球审计数字平台（EY Canvas）；毕马威建立了人工智能工具组合（KPMG Ignite），其工具包括人工智能异常事件预测工具，运用 AI 技术开发预测业务时间事件情况的模型，从而分析风险与异常。

总而言之，大数据审计流程是数据获取、分析和结果呈现的过程，主要涵盖数据采集、数据处理、数据分析、构建审计模型以及审计结果可视化呈现等步骤。

5.3 案例分析：AI 驱动的高效能审计实践

（1）应用背景

Y 公司是最早一批成立独立的内部审计部门的民营企业，最初只有 2 ～ 3 名审计人员，审计工作也主要聚焦于账项基础审计。随着公司业务从最初的零售业拓展至金融投资、房地产开发等领域，公司业务多元并进、专业化发展的蓬勃态势也对其内部审计提出了更高的要求。一方面，以“加强内部控制，防范经营风险，提高企业价值”为主要审计目标，内部审计工作的内容更为多样化，目前主要包括管理审计、内部控制审计、财务审计、中高层领导离任审计（相当于经济责任审计）、工程基建跟踪审计、零星工程结决算审核、专项审计及审计调查等，如图 5-9 所示。另一方面，公司的快速发展、庞大的业务量以及新质生产力的发展也对审计的效率、准确性和数字化手段开发提出了更高的要求。

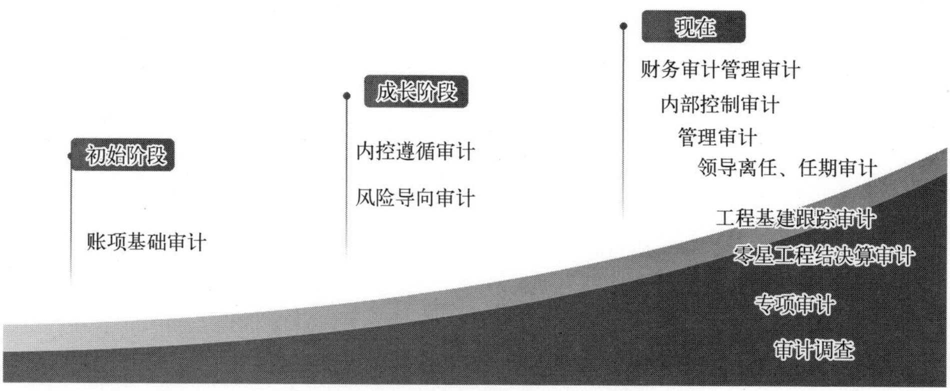

图 5-9 内部审计内容愈加广泛

在国家大力推动数字经济发展的大背景下，Y 公司敏锐地嗅到数字经济带来的巨大商机，不仅在抖音、官网等多平台进行智慧营销，在具体的生产、投融资等业务板块也运用了大数据、AI 等智能技术。在此背景下，集团对风险管理是目标、业审融合是路径、先进技术是保障达成了广泛共识。当前，其内审机构大胆探索和运用 AI，促进审计与业务的深度融合，时刻洞察、识别和应对业务层面的各种风险。

（2）主要做法

① AI 赋能内部审计人才队伍建设。AI 技术的应用对审计人员的要求较高，需要审计人员对于细分审计领域，如企业会计、政府会计、审计、工程、自然资源有较高的专业水平，同时需要有一定的计算机编程技能，以及较高的 AI 专业能力，包括 AI 模型的训练、安全治理、AI 应用，最终能够较为熟练地将 AI 模型融入审计工作。

因此，Y 公司非常注重加强内部审计队伍建设，努力实现内部审计人员结构从单纯的财务人员向具有综合知识和能力的多元化、高素质人才转变。首先，加强人才的引进，直接招录财务、计算机复合专业人才，或增加计算机、人工智能等相关专业人才的引进、培养和合作，通过以审代训，加强其在审计细分领域的锻炼培养。其次，通过各种形式的培训提高内部审计人员的素质。比如鼓励内部审计人员利用业余时间参加计算机等级培训及考试，定期组织最前沿的 AI 知识、技术及应用等方面的培训，同时结合内部测试、实操演练等，以达到及时更新人工智能知识、提高相关技能、拓展知识面，以较高的理论水平和实践经验从事审计工作的目的，为推动数字化的业审融合模式保驾护航。

此外，随着企业的不断发展，由于审计人员毕竟不是全能的，大规模培训往往受到人员、专业、技术、项目时间安排等因素的限制。因此，Y 公司实行了“错位调动人员”的制度，比如由北方的审计组来调查南方的项目，这种“交叉审计”模式，一方面通过人员调配的方式，将具备 AI 专业知识的人员匹配到更需要 AI 技能支撑的重要项目，如抽调信息部人员参加电商项目、信息系统数字化工程审计等，较好地解决了 AI 专业人员不足、技能缺乏以及区域不平衡的问题；另一方面，通过专业人员的流转，他们能将知识和技能带到不同的审计组，进行小范围的知识传授和培训，起到“传帮带”的作用。

② AI 赋能审计信息化流程优化。Y 公司内部审计的流程演进主要分为三个阶段。

a. 信息化 1.0，初始阶段开发简单审计应用模块。2015 年，信息化审计兴起，为适应新的发展需要，优化审计流程，Y 公司内审部门负责人联合信息部，根据审计部门的需求开发了一些简单的应用模块。开发的应用模块主要针对审计工作中遇到的各类复杂繁多的系统，着重解决难以统一流程的问题，通过这些应用模块的使用，一些复杂的系统流程得到简化，审计效率得到提升。应用模块的特点是问题导向，具有较强的目标指向性。但由于缺乏数据中台的支撑，数据的关联很难实现，因此开发的模块并没有在实际中得到真正运用，如图 5-10 所示。

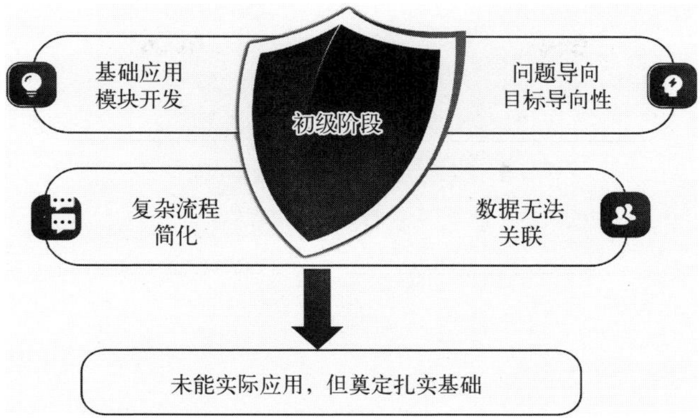

图 5-10 初始阶段发展情况

虽然起初开发的简单应用模块没有充分应用起来，但是初步的信息化应用给了审计工作新的思路，为优化审计流程提供技术支持，也为之后的数字化技术广泛应用奠定了扎实基础。

b. 信息化 2.0，中级阶段探索开发数字预警系统。信息化的发展优化了审计流程，比如从审计通知书到审计底稿，再到审计报告等等，通过信息化平台在 OA 流程里全过程操作，实现审计无纸化办公。随着业务的发展，为了更好地实现业审融合模式中对业务进行“提前监督”的目标，审计部门提出建立预警系统的设想。为了解决各系统间数据差异化的问题，更好地实现数据的关联，Y 公司与 L 科技公司合作，共同搭建了数据中台，并进行私有化部署，签订了严格的合同和保密协议，采集所有门店数据并实时上传，实现了实时数据同步，帮助企业对业务进行实时监管，开展实时审计，进而管控经营活动中可能存在的经营风险，如图 5-11 所示。

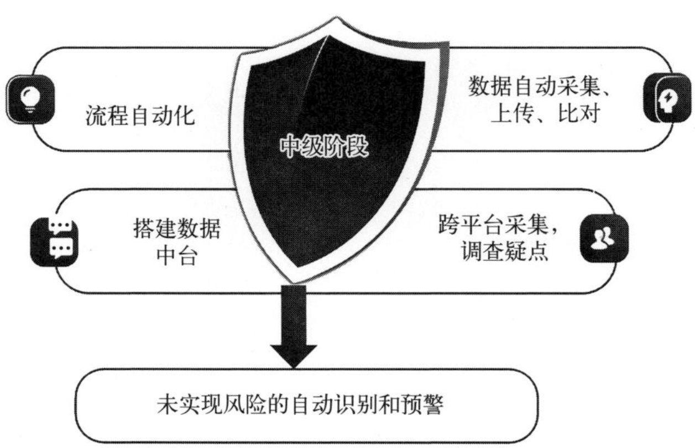

图 5-11 中级阶段发展情况

在日常审计中，审计部门通过 NC 软件、DRP、ERP 系统进行数据采集与比对，利用数据中台和业务中台，让数据先跑一遍，再针对发现的疑点进行进一步调查取证。新一代预警系统的开发目前还在完善过程中，未来的设想是运用 AI 技术将人工数据比对的过程进一步优化，实现风险的自动识别和预警。

c. 数字化 3.0，高级阶段建立 AI 智能审计系统。在信息化技术的帮助下，Y 公司一共构建了两个中台，第一个是业务中台，负责线上线下的全渠道销售；第二个是数据中台，包含审计模块等多项内容，如图 5-12 所示。

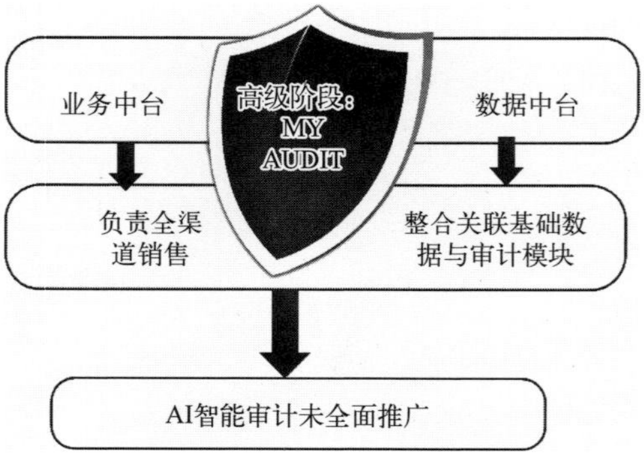

图 5-12 高级阶段发展情况

根据自身的工作需求，Y 公司的审计部门、信息部门与 L 科技公司开展合作构建了“MY AUDIT”AI 智能审计系统，利用 AI 技术探索开发审计模块，运用图像识别、自然语言识别技术、法规智能问答模块、流程自动跟进检查模块等，将许多工作流程精简化、系统化、完善化、信息化，进一步提高内部审计工作效率。

目前 AI 智能系统还在测试阶段，未全面推广，未来完善后的 AI 智能审计系统还可以与预警系统结合，审计部门、业务部门都可以在工作中使用。审计部门可实时跟踪经营活动中的风险点，实现实时监督审计，在事前、事中把风险消除于萌芽状态，进一步加强内部审计业审融合，提高审计效用，如图 5-13 所示。

③ AI 赋能具体内部审计工作开展。在具体的内部审计过程中，Y 公司已在尝试应用 AI 技术辅助审计工作的开展，并取得了一定的效果。以下是几个 Y 公司在审计事项中应用 AI 技术的例子。

a. 会员积分抵扣价款审计。Y 公司 2016 年开始运营会员与微商城业务。2016 ～ 2019 年属于会员制度的初创期，审计部门审查了会员章程和供应商标准。2022 年 15 亿元零售业销售额中，会员销售额已达到 8 亿元，其积分流水近 20 亿元，并且都是可以用来直接抵扣现金的。审计部门除了要审查把关税款缴纳、员工绩效、二级分销模式、会员积分流水及现金抵用以及会员信息隐私等方面的内容，还需要对会员历史消费数据进行清查。过去，审计部门会与会员管理部门对相关数据进行抽样审计，或定期运用 IT 技术定期对数据进行一定规模的审计，但存在审计耗时较长，且抽样审计的准确性不高等问题。因此，审计部门与信息部门联手，在 2023 年对系统进行了优化，开发 AI 智能工具对会员数据进行实时监控，重点关注会员消费频次过高、消费金额过高、积分使用频次高（通常会员积攒积分）、内部员工或会员消费等事项，通过数据后台研判，自动发现风险点，并发出预警信号。

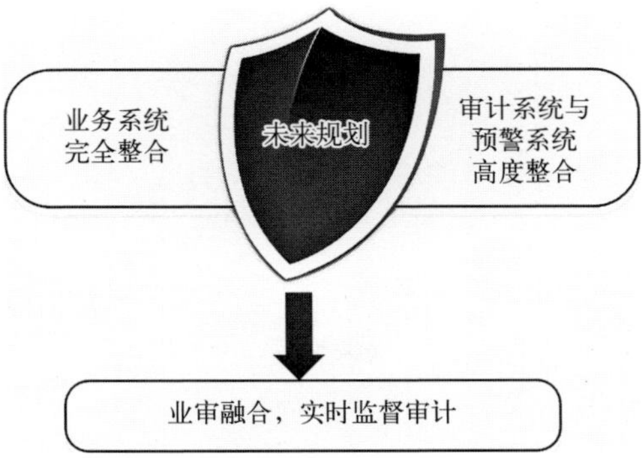

图 5-13　未来发展展望

这样，审计人员日常只需要对系统提出的疑点数据进行进一步研判，结合定期的抽样审计工作，进一步提高审计的精准性，充分发挥了审计人员的主观能动性，加强了内部审计的监管和服务效能。

b. 门店经营审计与风险预警。针对遍布全国各地的近 200 家连锁零售商业网点，内部审计部门很难一一审查这些门店的业务是否合规。因此，在数据中台中开发专门的 AI 审计模块，建立审计预警系统，训练 AI 相关的审计规则，当业务部门违反规则时，系统会出现异常提示，当地财务部门会核实并提前解决问题，在一定程度上分担了审计部门的审查压力。门店异常包括以下几个方面：员工出现大额多次的购买及员工账号进行支付；由于目前线上支付方式的普及，门店内出现较多的现金支付；某一会员单日消费次数过多，消费金额过高等。审计部联系信息部完成线上信息中台，研发 AI 预警系统，目的是在一定的规则范围和条件约束下，提前解决隐患和风险，以便财务和业务管理人员及时核实确认处理纠正，如图 5-14 所示。

c. 票据管理等方面的审计。在票据等方面，人工审计效率较低，也容易产生错漏。因此在新的 AI 智能升级系统模块开发时，Y 公司开始探索将这些事项由原来的人工审计转为 AI 智能审计，以减轻工作人员的压力，进一步扩大审计的范围。如原先对于小票的审计需要注意其打印时间与付款时间，人工核对较为麻烦。在票据方面存在风险，付款时间与打印时间相差时间较久，较难核对；同一份小票，既有线上付款，又有现金付款等。运用新的 AI 技术工具，可以智能识别计算机系统中电子票据等资料中的关键信息，并进行交叉比对，生成疑点数据并上传到“MY AUDIT”系统，审计人员仅需要核对疑点数据即可，大量节约了审计人员的工作量。在小范围审计工作的试用中，已发挥了一定的作用，如图 5-15 所示。

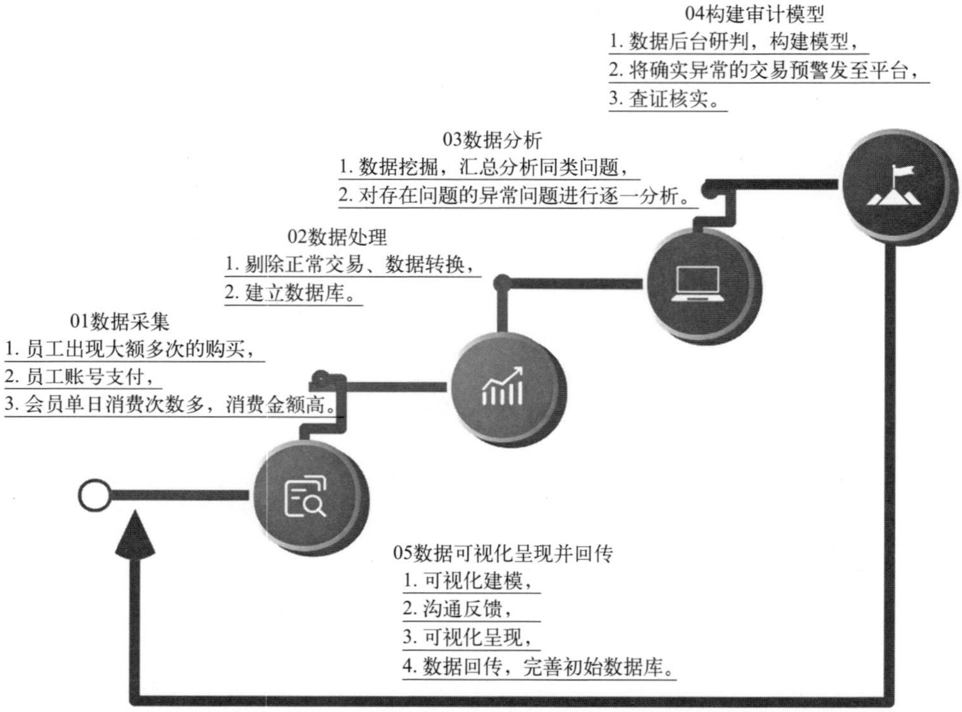

图 5-14 Y 公司门店经营异常 AI 审计流程

④ 应用成效。Y 公司内部审计部门始终致力于强化内部审计职能，积极运用最新科技手段促使审计提质增效。在近几年数字经济、大数据审计、人工智能审计浪潮的推动下，审计范围从财务管理向生产经营管理的各个环节拓展，内容更加多样化，审计的效率和准确性也显著提升。

在审计部成立之初，Y 公司领导就提出了“内部审计要以改善企业的管理素质和提高管理水平为目的”的理念，这促使审计领域和范围不断从财务管理向集团各部门、单位和生产过程中的各环节拓展。审查的部门从最初的财务部门扩展到工程项目招投标、工程联系单、现场管理、资产利用状态、物资采购等涉及计划、企管、物资、生产运行的专业技术部门以及基层单位。审查的资料从以往的会计账簿、会计凭证、会计报表扩展到生产记录、物资采购消耗、销售记录、招议标记录、合同履行、现场监督记录等管理资料。

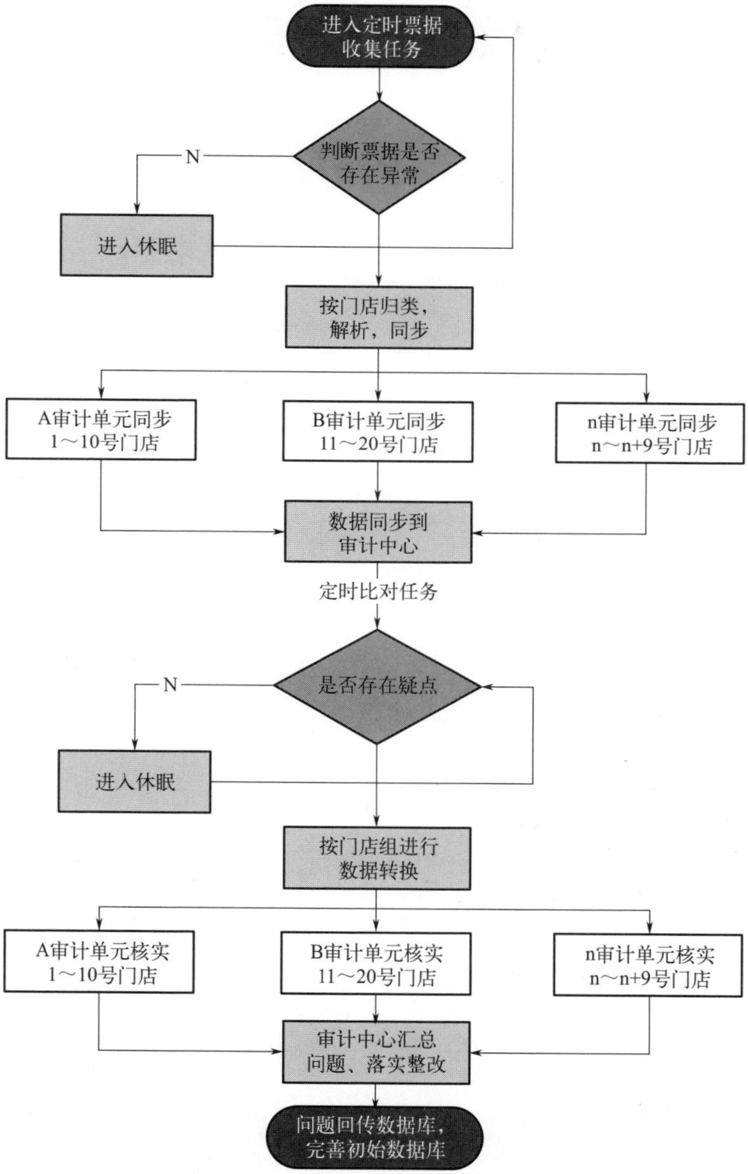

图 5-15 Y 公司票据管理风险 AI 审计流程

此外，Y 公司借助 AI 的力量，将内部审计工作逐步将事后审计提前到事前预警、事中监控、事后评价与反馈的全过程审计模式，真正实现业务与审计活动的密切结合，逐步实现实时审计，有效管控企业运营风险，如图 5-16 所示。

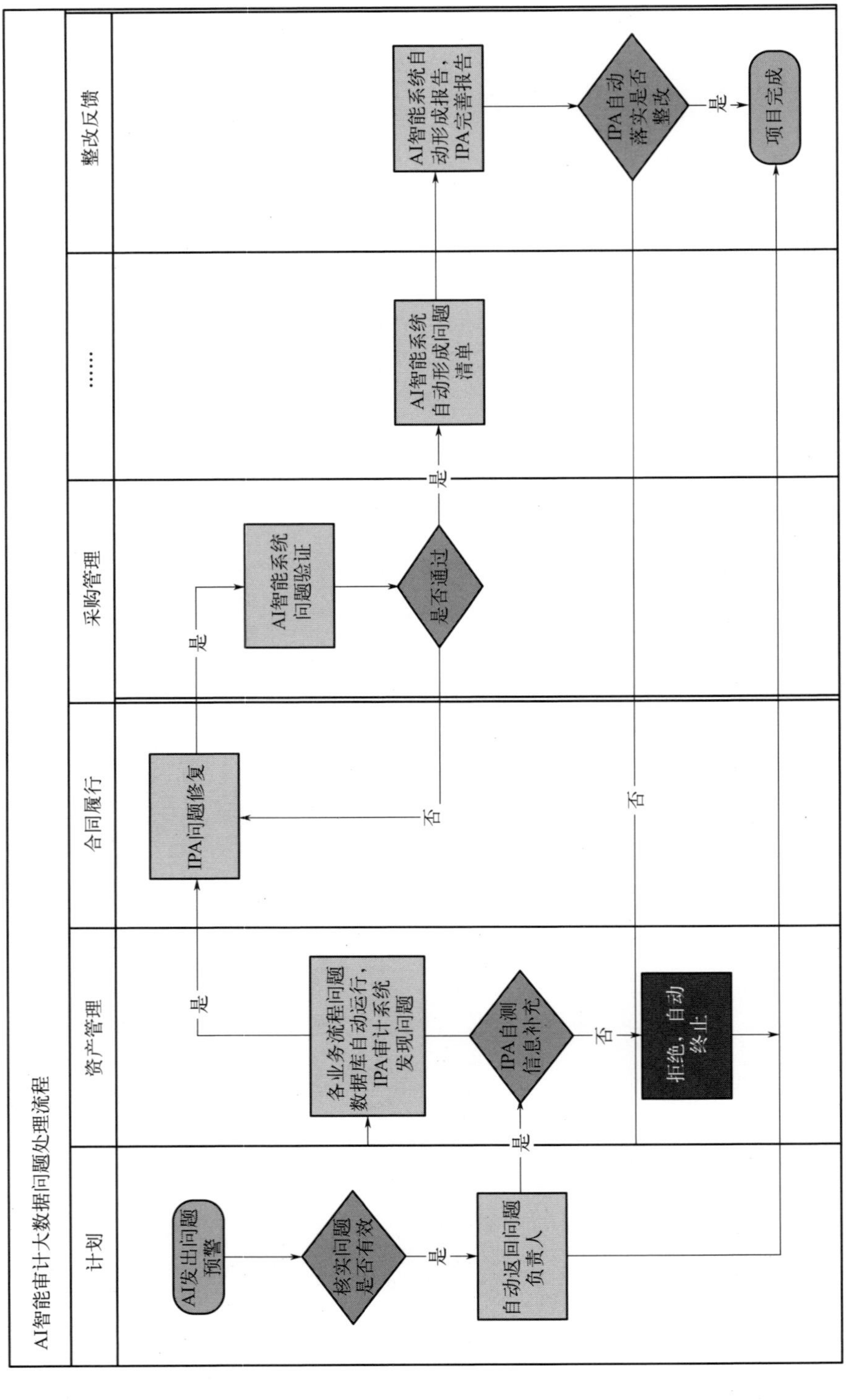

图 5-16 AI 全过程审计流程

第三部分 AI 大模型在会计领域的应用

6. 自动化账务处理

7. 会计决策

6. 自动化账务处理

会计领域正步入一股前所未有的转型浪潮之中。从手工账簿记录历经电算化会计的革新，直至当下大模型会计的崭新纪元，每一步都见证了科技对会计行业的深刻影响。在这一系列的变革历程中，AI 大模型的融入无疑树立了又一座具有里程碑意义的丰碑。大模型以精密的算法为核心驱动力，凭借其强大的计算能力，构建了一套从数据输入至数据输出无缝衔接的一体化理论架构。这一架构旨在精准响应利益相关者的即时且个性化的需求，特别是在会计核算的精准度提升、智能报表生成的自动化等方面展现出了革命性的创新实践。本章主要探讨 AI 大模型在会计领域的应用，旨在为会计行业的未来发展开辟新的视野，激发更深层次的思考与探索。

6.1 会计自动化的发展历程

会计自动化发展历程可以概括为四个阶段，如图 6-1 所示。

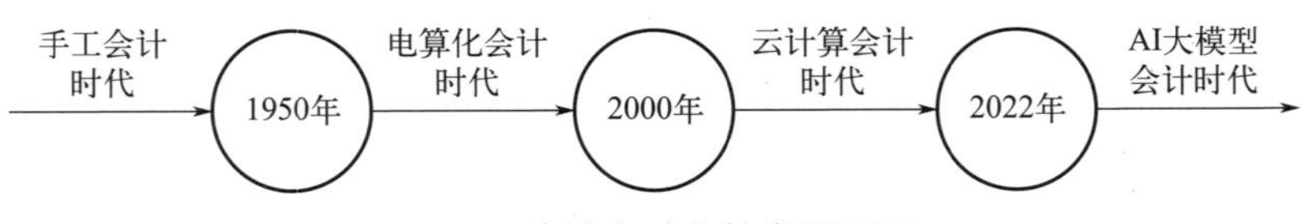

图 6-1 会计自动化的发展历程

6.1.1 手工会计时代

手工会计时代大约可追溯至 20 世纪 50 年代以前，在这个阶段，所有会计处理都依赖于手工完成，如凭证的编制、账簿的登记、报表的编制。在手工会计时代，主要依赖的工具包括算盘、计算器、账本、凭证，会计人员通过手工记录每一笔交易，并根据会计准则进行分类和汇总。此阶段会计处理特点是工作量大且易出错，尽管手工会计在技术层面相对简单，但其在当时的商业环境中扮演着不可或缺的角色，并为后续的会计自动化奠定了基础。同时，手工会计也暴露出会计工作的局限性和不足，会计信息的传递与处理速度缓慢，难以满足企业日益增长的经营管理需要，促使人们寻求更高效的、更准确的会计处理方法。

6.1.2 电算化会计时代

会计电算化起步于20世纪50～70年代，随着计算机技术的引入，会计系统开始向电算化转变，在电算化会计阶段，会计系统实现了计算机辅助处理财务数据，会计领域开始探索如何利用这一新兴技术进行账务处理，但技术应用有限，且多为大型企业和科研机构所尝试。在20世纪80年代初至90年代初，由于全国范围的计算机热潮，越来越多的企业逐渐意识到计算机在会计中的潜力，并尝试引入会计软件进行账务处理、报表编制等工作。进入20世纪90年代，随着计算机技术的飞速发展和互联网的普及，会计电算化迎来了普及与深化阶段。会计软件的功能更加完善，操作更加便捷，已经能够满足大多数企业的会计工作需要。同时，随着企业对管理信息化的需求日益增长，会计电算化开始与企业的其他信息系统进行集成，形成了更为完整的企业信息系统。

6.1.3 云计算会计时代

进入21世纪后，随着互联网爆发式的发展，云计算技术的兴起进一步推动了会计系统的变革，基于云计算的会计系统实现了全局数据的敏捷共享和可靠保护，具有较强的可扩展性、可定制性和可维护性，为企业提供了更敏捷、高效的会计服务。云计算会计系统主要依赖于云计算平台、大数据技术和人工智能技术等。通过构建云端的财务信息系统，企业可以实现财务数据的集中存储和处理，同时，云计算会计系统还支持智能化的数据分析和决策支持功能。

6.1.4 AI大模型会计时代

近几年来，随着计算能力的飞速增强和大规模数据训练模型技术的崛起，特别是深度学习、自然语言处理等技术的突破，为AI大模型的诞生奠定了基础，虽然真正意义上的 AI 大模型发展历史并不长，但它凭借强大的数据处理能力、复杂任务处理能力和自我学习能力，正在逐步渗透各行业。会计行业也不例外，AI 大模型将扩大人工智能在会计领域应用的深度和范围，在 AI 大模型的驱动下，会计行业正步入一个新的发展阶段，AI 大模型可以帮助企业实现自动化账务处理、智能报表生成、税务管理等。

6.2 AI 大模型在会计核算中的应用

传统的会计工作需要进行大规模数据处理，存在人为估计偏差、核算过程烦琐、信息披露滞后、信息质量不高、易于发生舞弊等较难避免的缺陷。而人工智能技术的引入，特别是通过智能机器人执行烦琐且重复的数据处理任务，为这些缺陷提供了有效解决方案。2016 年出现了一个转折点，德勤会计师事务所携手 Kira System 推出了财务机器人，开创性地将人工智能技术融入会计专业服务，这一举措迅速掀起了会计领域内人工智能应用的发展浪潮。同年，我国工业和信息化部亦明确提出将人工智能引入会计行业的战略部署，推动了智能会计的蓬勃兴起。在这些智能会计实践中，所使用的智能化软件隶属于人工智能技术的自然语言处理范畴，它们通过模仿人类操作模式，高效处理大量具有重复性和固定逻辑的任务。当然，人工智能需要拥有良好的人机交互能力，才能更好地达到应用效果。

AI 大模型作为自然语言处理的高级工具，具备一定的感知交互能力、智能认知能力、自动化处理能力和自主学习能力，可以主动适配人类命令，成为智能会计极具代表性和影响力的新兴技术，AI 大模型使得企业数据获取的轨迹和方法、数据的审核与评估、数据输出的方式等发生彻底的颠覆，会计行业正面临着前所未有的深刻变革，如图 6-2 所示。

大模型下新型会计模式特征表现在：

（1）计量手段多元化

融合货币与非货币计量，反映价值量信息和非财务信息。会计反映的内涵得到难以想象的拓展，不仅呈现交易和业务的结果，还能再现其过程。在此基础上，会计的职能不会仅停留在核算和监督上，AI 大模型会淡化传统的会计要素，拓展管理要素，降低核算和监管的职能占比。

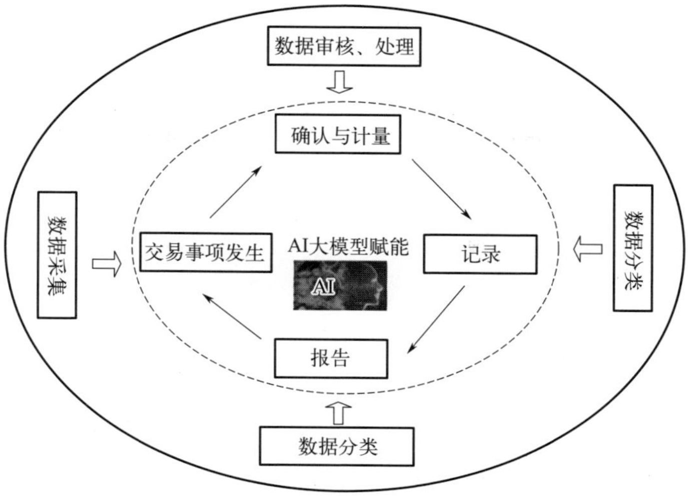

图 6-2　AI 大模型在会计核算中的应用

（2）会计与经济业务的深度融合

以时空场景的方式实时呈现业务发生的过程，场景式会计将得到广泛应用，虚假会计信息会得到有效遏制。会计将动态呈现业务发生、发展的整个过程，披露价值创造过程和机理，揭示风险来源和动态演绎过程，出现面向业务、面向需求的新会计业态，在人工智能大模型的加持之下，人工智能能力提升到了一个新的生成式 AI 的阶段，这些人工智能技术融入财务核算、财务共享、全球司库、绩效管理、税务管理、管理会计、资产管理等领域的财务流程中，从财务服务体验、流程效率、决策质量等方面全方位赋能财务。

（3）会计信息披露精确化、可视化和实时化

通用信息与专用信息的区分已无必要，用户根据需求获取有价值的信息。AI 大模型以其“精细、实时、智能”的特点帮助会计信息以可视化等形式呈现，提升用户的信息使用价值。用户还可以根据需求，实时查看颗粒度精细、多维、多口径、多标准的数据，比如查看基于供应链、价值链、关键客户等计量主体信息，基于风险现状、财务状况、未来发展趋势的专题信息，以及所在区域、行业、客户群等部分信息。

6.2.1　智能账务处理

在会计核算中，人工智能大模型可以自动化处理会计分录，提高核算的准

确性和效率。在大部分企业财务核算部门中，大多数依据岗位分配职责与人力，例如应收、应付、固定资产、成本、总账等模块，每个模块各自处理账务及对应月结工作，最后出具合规财务报表。在传统会计作业中，会计人员需手动录入每项交易信息，并精确归类至相应账户，此过程既烦琐又易出错。然而，借助 AI 大模型，通过解析输入的文本内容，它能智能化地将会计科目自动匹配至正确账户，显著降低了人为失误，大幅提升了记账的精确度和效率。如图 6-3 所示，当向文心大模型 3.5 询问购买债券的会计分录时，它能迅速捕捉对话要点，并准确编制出正确的会计分录，同时附上详尽的解释，便于用户理解。

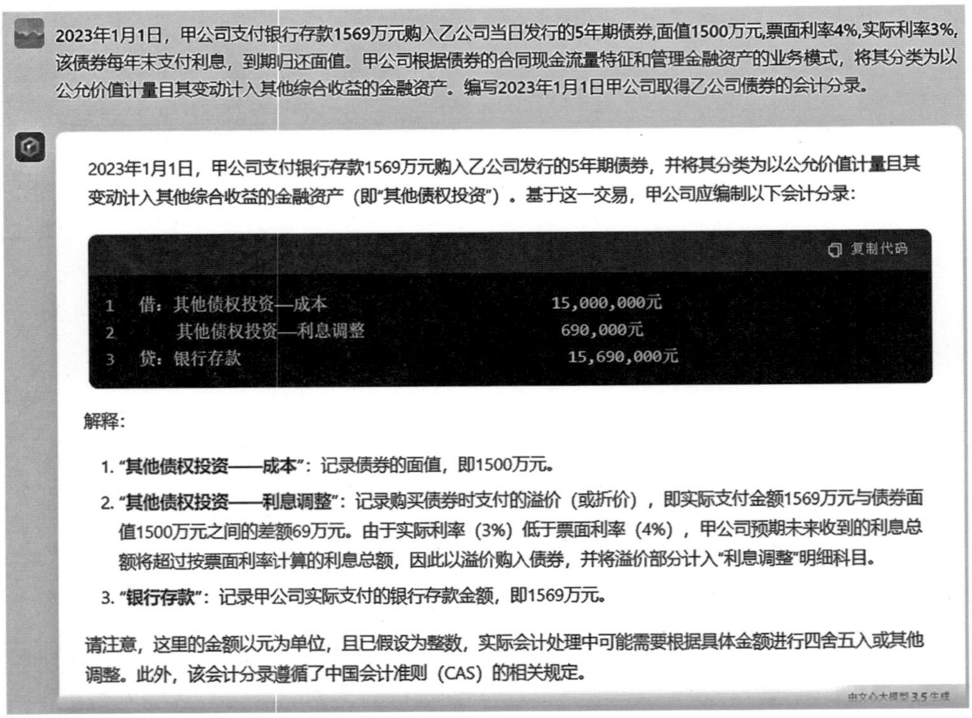

图 6-3 智能账务处理（1）

更进一步，基于先进的机器学习算法，AI 大模型不仅能分析和解读财务数据及相关文件，还能识别其中可能存在的错误、不一致或其他问题，并提出相应的解决方案。例如，在审核会计分录、账户余额、交易记录等财务文件时，AI 大模型能检查其是否符合会计准则和法规，发现潜在的错误或漏洞。一旦发现问题，它能提供具体的纠正措施，如修改凭证、调整账户余额或更新交易记录等。如图 6-4 所示，面对错误的会计分录，AI 能准确识别错误，帮助企业分析错误的原因后，提供正确的会计分录，并详细地给予注意事项，体现了其高度的专业性和用户友好性。

甲公司2024年收到用于购买环保设备的政府补贴款300万元，并以500万元的价格购入环保设备，预计使用年限为10年，采用年限平均法计提折旧。甲公司采用净额法核算政府补助，甲公司入账分录：借 银行存款 300万元；贷 其他收益 300万元，请指出其中错误

在甲公司处理政府补贴款购买环保设备的会计分录中，存在几个关键点需要注意，以确保正确处理政府补助和资产购置。

首先，甲公司收到政府补贴款300万元，这部分资金专门用于购买环保设备。由于甲公司采用净额法核算政府补助，这意味着政府补助将直接冲减相关资产的账面价值。

接下来，甲公司以500万元的价格购入环保设备。在净额法下，甲公司应将政府补助300万元从设备成本中扣除，因此设备的入账价值应为200万元（500万元 - 300万元）。

现在，我们来看甲公司的会计分录：

借：银行存款 300万元

贷：其他收益 300万元

这个分录的错误在于：

1. **政府补助的处理**：在净额法下，政府补助不应直接计入"其他收益"。相反，它应该用来冲减环保设备的购置成本。
2. **设备成本的入账**：由于分录中没有提及环保设备的购置和入账，我们无法从该分录中看出设备的实际入账价值。

正确的会计分录应该是：

1. 收到政府补贴款时（如果立即用于购买设备，可以合并处理）：
   - 借：银行存款 300万元
   - 贷：递延收益 300万元（如果补贴款不是立即使用，可以先计入递延收益，待使用时再转入相关科目；若立即使用，则可直接冲减设备成本）
2. 购买环保设备时：
   - 借：固定资产 - 环保设备 200万元（500万元 - 300万元）
   - 借：递延收益（或直接冲减银行存款，如果补贴已用于支付设备款）300万元（若之前计入递延收益）
   - 贷：银行存款 500万元（假设全部通过银行存款支付）

   或者，如果政府补贴直接用于支付设备款，则：

   - 借：固定资产 - 环保设备 200万元
   - 借：银行存款（或应付账款等，如果补贴直接支付给供应商）300万元（负数表示减少的支付金额）
   - 贷：银行存款（或应付账款等）500万元

注意：在实际操作中，如果政府补贴与设备购置不是同时发生，或者存在其他复杂情况（如补贴款有条件使用、需要分期确认等），会计分录可能会更加复杂。此外，具体会计处理还需遵循相关会计准则和法规。

因此，原分录中的错误主要在于没有正确地将政府补助冲减设备成本，并错误地将政府补助计入了"其他收益"。

由文心大模型 3.5 生成

图 6-4 智能账务处理（2）

6.2.2 智能报表生成

传统的会计报表以资产负债表、利润表、现金流量表等财务报表为载体，反映企业在一定时期的财务状况及盈亏水平，呈现频率一般以年度和季度为周期，确保企业和报表使用者能够定期审视和评估企业的运营状况。然而随着智能会计的发展，尤其是人工智能的广泛应用，财务报表的呈现方式及频率正在发生深刻变革，可以借助神经网络系统分析企业的经济事项，模仿人类语言输出数据处理所需文本，将会计项目列报在会计报表上，有助于会计要素的记录和报告。首先，在 AI 大模型的驱动下，财务报表生成更加智能化、合规化，在很多集团性企业合并报表的编制过程中，涉及大量的内部交易和内部往来数据的抵消和调整，这些操作通常复杂且耗时，需要财务人员具备丰富的经验和专业知识。AI 大模型可以通过分析财务报表中的内部交易和内部往来数据，自动计算出需要抵消和调整的金额，并生成相应的抵消和调整分录。这些分录可以直接导入合并报表系统，无须人工干预，大大提高了报表生成的自动化程度。合并财务报表的编制需要符合相关法规和监管要求，AI 大模型通过内置的规则和算法，能够确保生成的合并财务报表符合所有相关的法规和监管要求，这在一定程度上降低了企业因报表不合规而面临的风险。其次，财务报表可实现可视化、实时化，会计数据不再依赖于人工录入和定期汇总，而是能够随着业务活动的发生实现自动实时记录，这意味着财务报表的产生不再受固定的时间周期的限制，而是可以根据需要实时生成，甚至达到高频更新的状态。此外，AI 大模型还可以通过数据可视化和交互式分析功能，穿透到更细颗粒度的数据层面，进行深度分析和挖掘。这种重构性和集成度的高度，使得报表系统能够满足不同使用者的个性化需求，无论是管理层、投资者还是监管机构，都能从中获取到对自己最为关键和有价值的信息。最后，在智能报表中，AI 大模型的应用还可以优化用户体验，例如，AI 大模型可以通过自然语言交互的方式与用户进行实时沟通和互动，并解答用户的问题和疑虑。此外，AI 大模型还可以根据用户的反馈和建议，不断优化智能报表的功能和性能，提升用户的满意度和忠诚度，例如企业可以根据股东、银行、税务部门设置不同报表模板，进一步优化报表使用者体验。

6.2.3 智能税务管理

人工智能在税务管理中的应用日益广泛，为企业带来了前所未有的便利和效率提升。首先，AI 语音机器人可以替代传统的 12366 人工座席问答，为纳税人提供 24 小时不间断的咨询服务。这种机器人不仅能够快速回答常见问题，还能根据纳税人的需求提供个性化的税务建议。其次，企业可以利用人工智能连接税务系统，并建立规则库，对发票的合规性进行校验，包括发票抬头校验（购买方名称、纳税人识别号比对）、发票敏感词校验、发票真伪性检验、发票重复性检验、发票连号检验、代开发票备注栏信息不得为空、电子签章合法性检验等，实现 360° 全方位的智能稽核，以确保发票的合规性，并且对于客运汽车轮船、用车订单、火车票、机票行程单等特殊票据，根据税法规定进行税额的抵扣计算，实现闭环发票管理。最后，AI 大模型可以自动编制增值税登记表和纳税申报表，减少了人为错误，提高了申报的准确率。同时，AI 系统还能实时监控纳税人的活动，通过数据分析发现异常行为，提高税务监管的精准度和效率。AI 系统通过深度学习等技术，能够精准解读税收政策，并基于大数据分析，为纳税人提供个性化的税务筹划建议。例如，利用机器学习算法，AI 可以预测企业未来的税务负担，帮助企业提前进行税务筹划，合理安排资金，降低税务成本。总之，利用人工智能、大数据、云计算等现代信息技术，结合税务法规与会计准则，实现税务数据自动化处理、税务报表生成、税务筹划与合规性检查的一体化解决方案。

6.3　案例分析：智能账务系统的构建与应用

（1）应用背景

A 公司是一家涉足汽车制造、销售及服务等多领域的综合性大型企业，与国民经济发展及消费者日常生活紧密相连。尽管近年来全球汽车市场经历了波动，但总体上仍保持着增长趋势。特别是在中国，汽车市场持续扩张，已成为全球最大的汽车市场之一，这主要归功于中国经济的蓬勃增长、城镇化进程的加速推进以及消费者汽车需求的日益提升。然而，汽车行业的竞争也日益白热化，不仅传统汽车厂商间竞争激烈，更有新能源汽车厂商、互联网科技企业等新入局者。政府也在积极出台相关政策支持新能源汽车发展，推动汽车产业向绿色化转型。同时，汽车安全、环保等方面的监管要求越发严格，促使汽车厂商在产品研发和生产中更加注重产品质量与安全。

财务管理是企业的核心命脉，A 公司需在新时代背景下完成数智化转型，在管理模式和技术手段上实现创新，以积极应对企业内外部的管理挑战。随着企业规模的不断扩大和业务多元化，财务管理的难度也随之增加。A 公司希望通过构建财务共享中心，实现财务运营的集约化、标准化和自动化，从而提升财务处理效率并降低成本。同时，面对日益严格的财务监管要求，A 公司需要借助数字化系统工具和智能技术手段，高效识别、监控和预警业财风险，以降低业务与财务合规风险。此外，汽车制造业还面临着高成本与低利润的挑战，为了降低成本、提高效益，企业需要财务系统提供深度的经营分析与洞察，支持战略规划和业务发展，提升生产效率，并通过合理策略确保利润最大化。A 公司通过人工智能大模型实现从传统财务共享到 AI 和数据驱动的跃迁，提高企业财务数智化水平和核心竞争力，实现高质量发展。

（2）应用场景

A 公司通过共享牵引，从智能采集、智能审核、智能月结等几个维度，构建了会计核算的业务闭环管理。

① 智能采集。在数字化转型的浪潮中，企业面临着海量的数据处理需求，如何高效、准确地收集、整理和分析这些数据成为一个亟待解决的问题。在引入 AI 大模型技术后，基于 AI 大模型的数据采集首先可以依赖于高效的数据采集与预处理，通过智能采集技术，如拍照、图片 OCR 识别、邮箱导入等方式，对于增值税发票、机票行程单等结构式单据，利用 AI 大模型的海量数据积累可以实现快速的结构化识别和数据采集，另外，对于不同客商不同范式的自制合同、验收单等非结构式文件，利用 AI 大模型的深度学习技术和 AI 算法迭代模型，系统能够自动抓取非结构式单据中的关键信息，并将其转化为准确的结构化关键信息，同时，AI 大模型能够对采集到的数据进行清洗、转换和标准化处理，确保数据的准确性和一致性。并且智能采集可以提供 PC 端和移动端多入口采集方式，实现票据的快速采集，在处理图像时，AI 大模型利用深度学习模型的强大特征提取和模式识别能力，可以实现自动纠偏与纠错，这些模型能够自动检测并纠正图像中的错误或瑕疵，如模糊、褶皱、变形等，最终获得准确的结构性信息。

在发票采集后，AI 大模型根据预设置的校验规则，对发票进行合规校验，包括发票真伪校验、发票重复性校验、发票连号校验及发票章的合规性等，对于校验成功的发票归集至发票池，输出发票代码、发票号码、开票日期、销售信息、购买信息、价税合计、税率等信息，为后续的会计入账及财务管理提供数据基础，对于校验成功的发票进行智能价税分离，并对于旅客运输发票等特殊票据进行自动抵扣计算。对于非结构附件，AI 大模型技术输出多种关键要素，标注训练，输出准确结果，为后续的智能审核夯实数据基础，如图 6-5 所示。

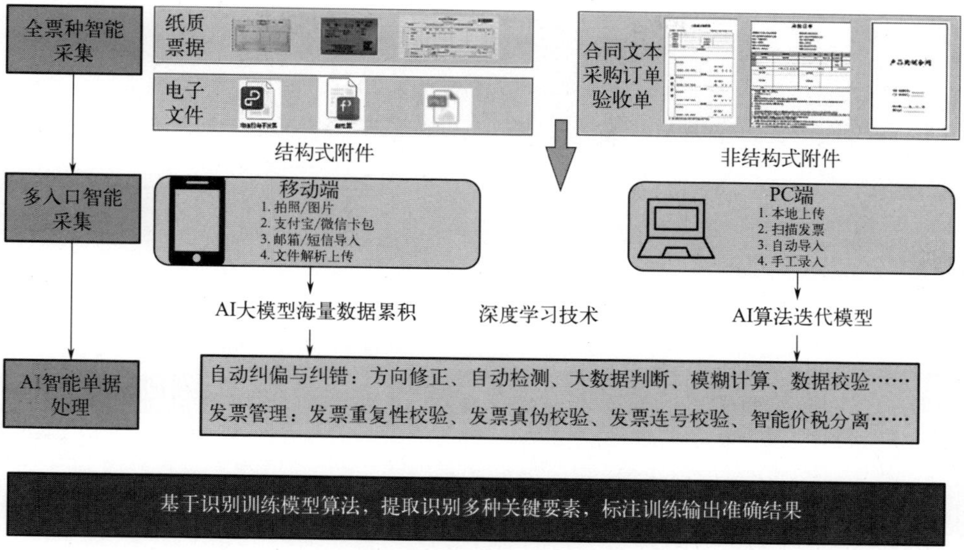

图 6-5 智能采集过程

② 智能审核。在 AI 大模型协助下识别单据多种关键要素，标注训练输出准确结果后，需引入基于 AI 大模型的智能审核平台，其可以利用规则引擎来搭建数据层的规则模板和知识存储库，依托智谱、YonGPT、文心一言大模型的能力，进行数据的清洗、处理、转换和调优，可以快速对核心信息进行校验，完成智能审核。首先，业务及财务审核人员得以依据实际的业务场景与管理要求，灵活定义和调整规则库中的各项规则，从而定制化地生成适应不同角色与审核需求的审核事项，规则模板全面覆盖金额类、日期类、票据类以及众多其他关键维度，形成一个多维度、立体化的审核网络。通过这些精心设计的规则，系统能够实现对各类业务数据的 360° 全方位智能稽核，确保每一个细节都逃不过其敏锐的“眼睛”。并且智能稽核规则可配置在任何环节，从数据采集、业务发起、业务审批、财务审核到出纳支付、质量检查，全链路都可以引用智能审核规则库的规则，问题实时提醒，错误原因定位又快又准，零误差，零失误，让业务审批、财务审核更高效、更精确、更智能。其次，智能审核不仅能基于规则进行判断，也可以基于大量的经验知识汇集来进行判断，基于 AI 大模型的智能审核可以利用历史样本的积累和对相关性的参照，将经济业务活动分解与解读，逐步识别出后续的核算路径、结算路径、税务路径、审核路径等，根据图谱化知识，快速完成规则生成和智能审核。AI 大模型会根据预设的报销政策和规则，对报销单据进行逐项审核，包括票据的真实性、合法性、合规性以及费用的合理性等方面。围绕“票、账、钱”，实现发票智能校验、凭证智能审核、支付智能审核。智能校验规则覆

盖发票抬头税号、发票真伪、发票金额、会计科目、辅助项、金额以及客户信息与收款账户名等，如图 6-6 所示。

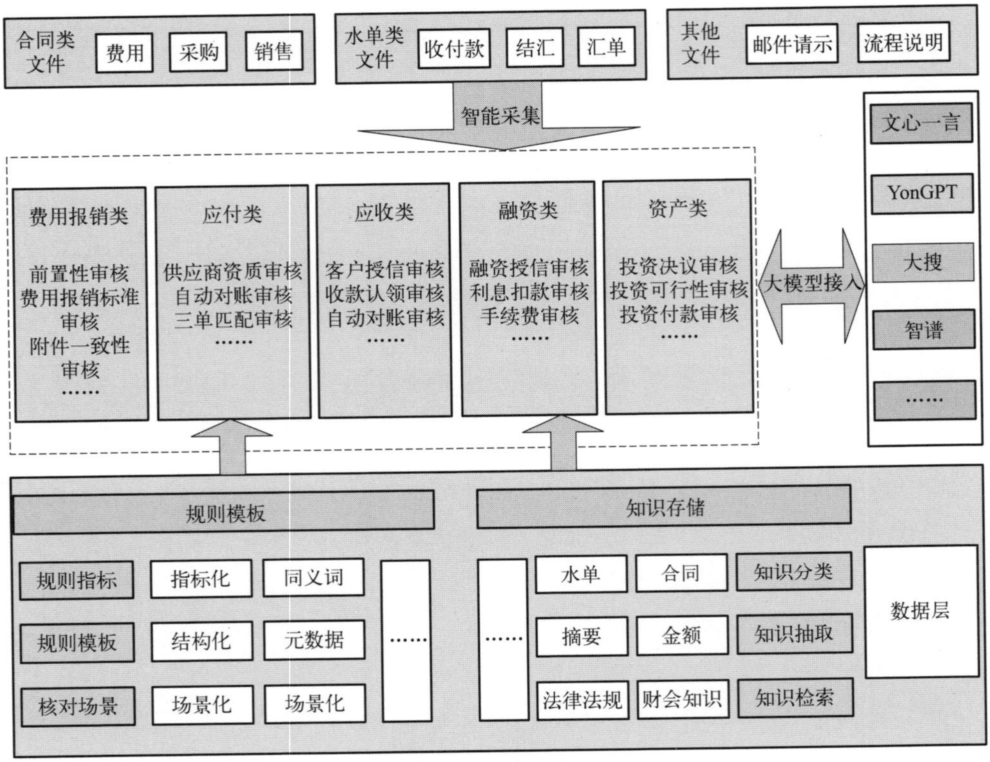

图 6-6 智能审核

③ 智能月结。企业可以搭建智能月结业务模型，首先在月结流程上引入了灵活的月结任务项编辑功能，该功能允许用户根据实际需求自定义期末结账相关的所有事项，实现集中化、统一化的管理。在此基础上，进一步提供了对各个结账事项的月结处理功能，用户可以根据结账流程的逻辑顺序或实际操作的优先级，对任务项进行灵活排序，从而确保结账过程的有序进行，在执行层面，系统支持按照用户设置的顺序自动或手动执行任务。自动执行模式下，系统会按照预设的时间点和条件自动触发任务，减轻人工干预的负担；而手动执行模式则赋予了用户更多的控制权，允许他们在必要时对任务执行进行微调或干预。在月结监控上，负责人借助月结监控工作平台，能够全面审视并监控其负责的应用或方案内的所有任务执行情况。通过集成的监控视图，不仅可以宏观把握月结事项的整体进展，还能细致到账簿和任务的具体层面进行深入了解。在这个平台上，企业不仅能够实时监控任务的执行情况，还具备对任务进行直接处理或将任务重新分

配给其他用户的能力，尤其对于当期月结方案或应用的负责人而言，他们可以通过月结监控工作台轻松获取并管理当前周期内的所有关键任务，确保月结流程顺畅进行。

基于AI大模型的智能月结相比于传统月结展现出巨大的优势。首先，传统月结工作中，各个月结任务代码写死，不可调整，导致流程缺乏灵活性。其次，全流程手工执行不仅耗时费力，还容易出错。此外，关账和结账作为两个固定环节，虽然确保了流程的规范性，但也限制了流程的优化空间。相比之下，智能月结服务则展现出了巨大的优势。智能月结服务从“开始月结”起就实现了自动化触发。通过对接企业的财务系统，智能月结服务能够自动进行对账、检查、关账和月末处理等操作。在结账阶段，智能月结服务同样能够自动检查并确认结账的准确性。智能月结服务的最大亮点在于其流程灵活性和自动化执行能力。通过流程灵活编排技术，智能月结服务能够自动化执行任务，并实现全流程监控。这意味着企业可以根据自身需求自定义注册月结任务，自由组合流程和方案场景化定义。这种灵活性不仅提高了流程的适应性，还为企业提供了更多的优化空间。此外，智能月结服务还具备问题诊断能力。当流程中出现异常或错误时，智能月结服务能够迅速定位问题并提供解决方案。这不仅提高了问题的处理效率，还降低了因问题导致的财务风险，如图6-7所示。

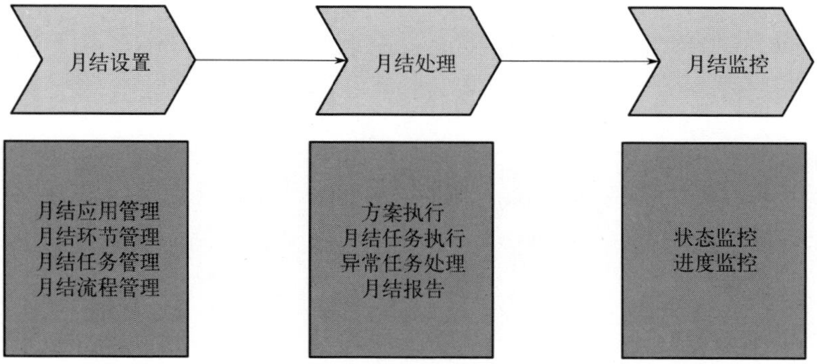

图6-7 智能月结

（3）应用成效

① 实现全面数字化环境。随着新修改的《中华人民共和国会计法》以及《关于联合开展电子凭证会计数据标准深化试点工作的通知》的颁布，财政部推动电子凭证的规范化管理工作不断深入，目前部分企业针对数字电票、银行回单等原始凭证已经实现数字化管理，但A公司生产经营过程中产生大量的票据，其中包括非通用发票、不同客商不同范式的自制合同、交通行程单等非结构化附

件，在 AI 大模型出现前，企业信息技术通过视觉识别或者登记台账的方式将这些非结构化附件信息转换为结构化数据，并基于预设结构化数据模板，帮助财务人员获取附件信息进行审核，会计人员在审核这些附件时浪费大量时间，无法高效提取有效信息并审核，导致审核结果的准确性、及时性、合规性等均难以保证。A 公司探索通过 OCR 和 AI 智能感知技术的结合，实现对全票种的结构化处理，比人眼更准确、更高效、更经济，实现了原始凭证 100% 电子化，实现全面数字化环境。

② 提高风险管控效率。A 公司在享受财务共享服务中心所带来的管理效益之时，也不得不直面财务审核单据数量急剧上升、每日处理能力存在上限以及审核效率难以突破的挑战。为了在维持当前审单人员规模甚至实现人员优化的前提下达成目标，引入智能审核系统成为当务之急，旨在提高财务共享服务中心的运作效率并减轻其负担。通过人工智能审核，系统能够自动识别并过滤掉不符合报销政策的单据，大大减轻了财务人员的审核负担，并且 AI 大模型系统可直接理解非结构化附件内容并给出重点提示，自动辅助人工分析单据附件中财务审核的关键点和识别风险，同时支持对合同内容进行提问等，最终大幅提升共享审核人员的作业效率。

③ 提高会计信息质量。随着 A 公司智能会计财务共享服务中心、财务信息一体化管理体系等诸多模式投入使用，A 公司会计信息质量得到提高，不仅履行了财务监督与风险管理职责，确保了会计信息的准确无误，而且通过可视化手段进行数据挖掘与分析，使得会计数据更加贴合决策者的实际需求，有效支持了决策过程，增强了会计信息的相关性，进而提升了会计信息的质量。A 公司会计信息质量的显著提升，是其数字化转型的重要成果，为公司打造数字企业奠定了坚实基础。

7. 会计决策

会计决策，即会计人员依据相关财务会计信息从财务管理角度作出的相关事项或问题的决定性选择，包括财务会计专业内部决定和提供给组织内业务人员及主要经营管理领导者应用的辅助性决策支撑。根据企业财务管理实际经验来看，会计决策包罗万象，不论是内部决策还是外部决策，不管是依托传统经验和未来管理需要还是相关政策法规文件要求，任何会计决策都需要信息支撑。而从信息传递过程来看，如果把会计决策作为一个服务或商品来看，它的流转要有始有终，开端需要信息提供方，终端要有需求方，如图 7-1 所示。

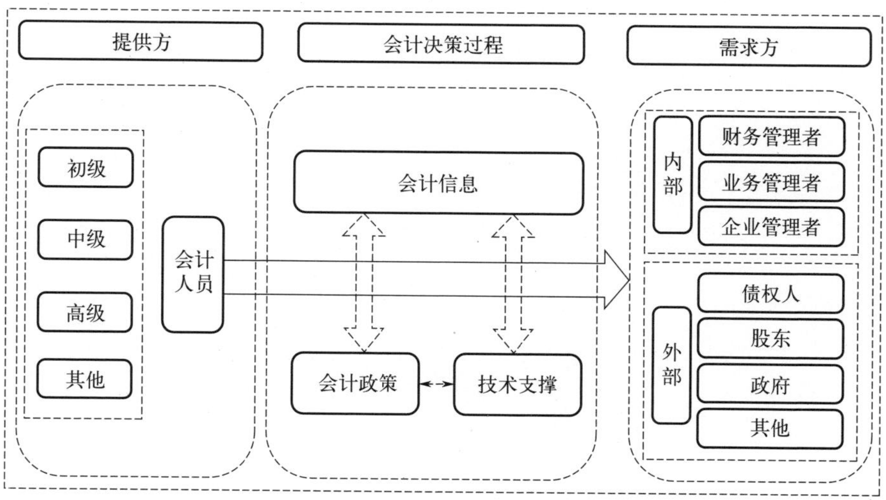

图 7-1 会计决策路径框架

鉴于本节提到的会计决策主要以企业为对象，所以，在此框架中提到的信息提供方主要包括企业会计从业人员，按照其不同的职称层级，可以分为初级、中级、高级专业技术人员，以及其他人员（比如注册会计师、内部审计人员），甚至包括那些无执业资格或专业技术职称的会计从业人员。不管如何，这些人员都拥有会计理论或者会计实务经验，只是专业水准和经验的丰富程度各有不同。基于这些人员成分和结构，对会计信息的加工技巧、分析研判等综合素质就会参差不齐，从而造成会计决策方向、方式、过程效率、结果及需求者满意度不同。关于需求方，值得特别说明的是，本节更多提到的是对内部管理者提供与会计决策相关的内容，对于外部相关方，更多的是呈现出结果供需求方在自身利用相关的专业知识做分析或者检查监督。相较于内部决策需求而言，外部需求对会计决策的过程及频次以及协同性没有那么直接，所以，本节更多的是提供内部决策者使用的会计决策，AI 大模型技术的应用对这方面的质量和效率起到支撑作用。

然而，会计决策在实务中也碰到了诸多问题，面临太多的外部环境及内部因素的挑战，比如从业人员的门槛越来越低、会计准则等相关政策变化越来越频繁、经济活动的变化使管理决策需求越来越多元化以及智能技术的发展进程迭代，这些都使得会计人员向需求使用者提供的决策信息越来越难，但是，随着 AI 大模型等智能技术的发展，作为市场经济最基本也是最主要的经济组织（企业），将迈向全新的未来场景，会计人员也将迎来工作实践的新篇章。

7.1 会计决策的复杂性与挑战

（1）从业人员的门槛降低

2017 年 11 月 4 日，第十二届全国人民代表大会常务委员会第三十次会议决定：对《中华人民共和国会计法》作出修改，取消了会计从业资格证书，将第三十八条修改为“会计人员应当具备从事会计工作所需要的专业能力”。即从 2017 年 11 月 5 日起，从事会计工作，不再需要取得会计从业资格证书。

另根据国家财政部《会计改革与发展“十四五”规划纲要》内容得出，从“十三五”到“十四五”阶段，有专业技术资格的会计人员预计增加 290 万人，如果再加上其他未获得专业技术资格的从业人员，那么会计人员将激增，尤其是初级会计人员将越来越多。

虽然会计决策需要会计高层人员做出，然而，做出决策的依据却是要依赖会计从业人员的基础工作信息，而从会计从业人员现有的工作环境及会计工作形态来看，会计工作的入门基础要求越来越低，而会计主体对会计决策人员的层次要求却越来越高，因此，给会计决策工作带来了一定难度。

（2）会计准则的频繁变化

一项改革工作势必将面临诸多难题，会计工作作为会计主体日常经济事项的反映，其改革是我国经济社会发展中的重要组成部分，包括会计理论方法体系的构建，会计、审计准则的制定实施与国际趋同，会计信息质量保证等核心问题。2006 年财政部发布了新《企业会计准则》，包括 1 项基本准则和 38 项具体准则，涵盖了各类企业的各项经济业务，并于 2007 年 1 月 1 日起在上市公司执行，后续于 2010 年、2014 年、2017 年、2019 年、2020 年及 2024 年分别出台及修订了若干会计准则。“十三五”时期我国与国际财务报告准则持续趋同，收入、金融工具等 11 项具体准则及 5 项准则解释修订印发并得到有效实施。政府会计改革全面推进，从无到有，包括 1 项基本准则、10 项具体准则及 2 项应用指南、1 项统一的政府会计制度和 3 项解释在内的具有中国特色的政府会计准则制度体系基本建成并稳步实施。当然，国家也在研究制定机关事业单位职业年金基金相关业务会计处理规定。同时，配合相关基金（资金）管理改革需要，研究修订或制定相关基金（资金）类会计核算办法。加强对基金（资金）会计制度的宣传和培训，推进相关会计制度全面有效实施。

当然，需要在此说明的是，本节主要研究的是公司制企业的会计决策内容，沿用的会计制度是以企业会计准则为主。

（3）管理决策的需求多元

近二十年来，我们都在谈论或实践业财融合，不管是政府管理监督部门，还是央地国企或者民营企业，也不论是上市公司，还是非上市企业，在经济快速发展并存在剧烈动荡的今天，企业决策者每天都要面临众多决策，不同的体制、不同的行业、不同的企业主体，决策体系和决策面临解决的问题都是不同的，甚至于每一个同样的决策事项对于不同的管理决策层而言，都会有不同的需求，财务会计在自身职能转变过程中，越来越受到决策层的依赖，然而，面对瞬息万变的各类信息，财务会计内驱力每每遇到瓶颈，然而，会计职能着眼于服务各类单位提高内部管理水平和风险防范能力，管理会计指引体系基本建成并得到广泛应用，内部控制建设防风险、防舞弊的作用日益显现，电子会计凭证应用全面推开，统一的会计数据标准更加健全，会计职能实现从传统的算账、记账、核账、报账向价值管理、资本运营、战略决策辅助等职能持续转型升级，传统会计的辅助决策作用受限。

面对如此多的内在变化及企业决策等外部需求不断提升，比如成本管理需求从传统的财务成本还原和核算的精细化向成本优化、国产替代决策、投资决策、成本预测及销售定价和毛利分析支撑等业务管理需求决策转型，不论其中哪一个类型的会计决策需求，在实务中，都能让一名传统会计人员甚至专家难以入手。可想而知，在社会、企业、管理提升及变化如此纷繁的今天，会计决策在日常经营管理过程中，挑战层层升级。

（4）人工智能的兴起迭代

科技发展日新月异，是新时代的一个重要特征。在政策和技术的双重加持下，“大智移云物区”在会计审计领域得到广泛应用，以财务云、电子发票、电子档案、RPA（机器人流程自动化）、在线审计为代表的会计信息技术等快步向前，方兴未艾。2020 年 4 月，中共中央、国务院关于构建更加完善的要素市场化配置体制机制的意见发布，数据作为一种新型生产要素写入文件，作为与社会财富相关的一种管理活动、一个信息系统，会计的重要性不断凸显。

在数字经济时代，会计与信息技术的深度融合，为行业转型升级提供了新动能，也给现有会计理论研究带来了新冲击。新时代的会计以数字化技术为支撑，形成对内提升单位管理水平和风险管控能力、对外服务资本市场管理和宏观经济治理的会计职能拓展新格局。

7.2 AI 大模型在未来决策支持中的应用

（1）财务职能逐步智能化

按照财务信息处理结果提供对象划分，会计可分为内部管理会计和外部财务会计，当然，随着财务工作从手工记账到计算机电算化，再到财务共享中心运作模式的发展，很多国内企业逐步将财务工作者按照工作内容层次分为战略财务、业务财务和基础财务。不论是哪一种分类，这只是不同视角的反映，而非工作内容本身的创造。如今，AI 大模型的发展，将在现有相关财务职能基础上，促使各项工作更加智能化。

① 战略财务。通过一个经济组织单元的运行机制，我们可以知道，从企业设立开始，相关方就要做好顶层设计，明确公司使命、愿景和目标，组建好班子团队，制定战略和实施战略，保证组织目标的实现。组织运行过程中也会产生或

者面临法律、道德、操作、市场等方面的诸多风险，需要内部控制，更需要 AI 大模型技术将会计信息贯穿业务流程，对企业各项决策做好风险识别应对及控制，最终通过财务战略支撑并实现业务战略，助力企业整体战略目标的实现，如图 7-2 所示。

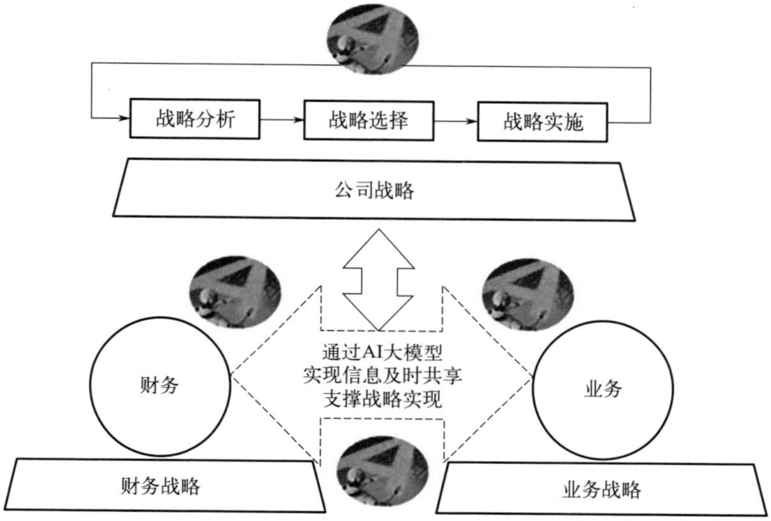

图 7-2 AI 赋能公司战略目标实现

② 业务财务。按照供应链内部环节分，包括研发、生产、销售；辅助环节包括工程、设备、资产、维护、物流、工艺、资产、投资、战略、人力等，甚至还有很多无形的企业文化、制度、IT 等，这些环节日常运作过程中会传递相关数据至会计人员工作环节，形成会计和非会计信息。不论是何种经济组织单元，财务工作本身产生的会计信息大部分是基于业务环节产生，会计更多的是作为各环节经济事项的反映，所以，会计信息更具有综合性，这是各个业务环节所不具备的综合视窗平台，可以说是企业数据之眼。然而，日常的信息因为诸多系统壁垒的存在，致使辅助决策的功效不全，AI 大模型可以加强算法弥补不足，如图 7-3 所示。

③ 基础财务。传统的会计基础工作是会计信息获得的前提，一般可以分为会计记账、单体或者合并财务报表编制，当然，还有很多内部管理报表需要会计工作者提供；税务申报也是基础财务的重要工作内容，尤其是金税系统越来越统一、全面、完善的今天，这项工作尤为重要；作为信息披露的关键要素，财务会计信息绝对是所有企业信息披露内容中的核心重点。需要更多的 AI 智能及大模型去实现相关智能化，提高基础财务工作的效率和质量。如图 7-4 所示，从预算

环节开始，到业务发生后，通过业务流程审批，财务出纳付款，网银复核后资金闭环支付，再到财务会计记账及其复核检查，报表编制及合并，税务申报，内外部分析，资金融通决策及相关信息披露，目前大多数通过财务软件系统或者相关专业部门使用的系统，然而，各个系统之间大多数在重复报送数据，即使是使用财务共享中心的一些集团公司，也不可能实现所有环节的自动化，与国家部门相关专业系统的互通关联，更是难上加难，都需要打破信息系统孤岛壁垒，通过AI大模型 + 信息化系统 + 业务管理流程，实现业务和财务的自动连接、信息交互迫在眉睫。

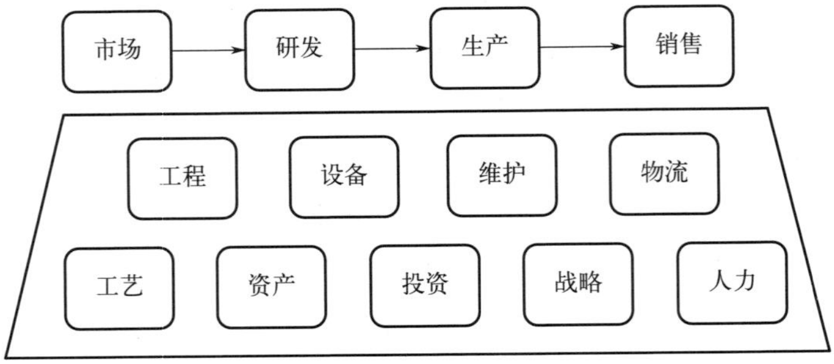

图 7-3 企业会计信息流

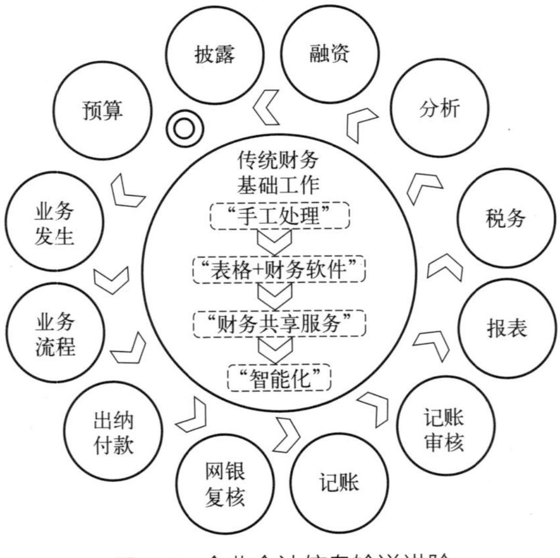

图 7-4 企业会计信息输送进阶

随着经济的快速发展，社会进入信息时代，各类新的商业模式层出不穷，经济事项越来越多、越来越复杂，技术更新迭代越来越快，会计人员的工作需要顺应时代的发展，但是财务人员记账、编制报表、报税的基础工作仍然是必需之工作内容。随着会计制度的国际趋同、信息技术的发展使业务管理标准越发透明高效，会计工作需要标准化、流程化、信息化，为决策需求者提供分析数据的可视、高效、高质量的信息。特别要强调的是，这并不意味着传统的会计工作不重要，信息化手段只是工具。

（2）智能决策辅助系统

① 基本业务系统。企业日常运作过程中，经常会通过各类档案文件形式以完成收发文、报告总结、制度制定，以及战略研究制定等工作，但是诸多纸质化或者半电子化的存储形式，对其业务发生外部相关费用支出时的合同制定、审核、审批和履约，都未能实现全面的系统流程化，自动触发财务支付流程，更为直接的表述就是：企业组织做出的众多决定是以文件形式表示的，而这些文件中的文字大多是以图片或者二维纸质形式存储，并不能让这些无形的决策数字化，未能直接发挥相应的价值或者功能。如车辆使用、房屋租赁和购买、业务接待、行政办公会议、差旅及出境、办公物资采购、人员的衣食住行（含食堂、工会等薪酬福利机构）产生的若干信息等等，这些经济事项的发生，都会在基础财务端形成会计信息，都会在各业务环节，形成后续的业务分析模块，如果 AI 大模型能够将这些环节打通、梳理、共享，并能及时推送或者形成决策分析，那么，对企业组织的管理精细化将会产生巨大的积极作用，如图 7-5 所示。

② 商务智能分析系统。鉴于非智能化的工作挤占了财务人员的记账和管理会计报表的诸多时间，我们可以通过 AI 大模型，将这些信息和研发、生产、销售等主要的供应链价值链环节作为价值关联，突破原有数据库、应用层及抽取层的不及时障碍，提高效率，准确反映相应的价值创造，通过 BI（Business Intelligence，商务智能）分析系统，以智能化驾驶舱形式及时全面展示给不同决策层人员，这不论是对业务人员还是财务人员来说，都将是巨大的进步。BI 利用目前公司现有的 ERP（SAP、金蝶、浪潮、用友等皆有相关产品）、全面预算管理系统、生产管理系统等应用系统的数据库，实现公司经营预测、预算监控、财务分析、绩效考核、生产指标分析、目标成本管理等功能，通过建立公司目标成本的管理体系，对各项数据进一步挖掘和分析，建立公司监控、分析和预测模型，结合车间、班组成本核算管理，实现公司精细化管理，加强对生产过程成本的管理，优化生产设备、车间及装置运行，更好地为公司生产经营管理和绩效管理提供决策的支持，如图 7-6 所示。

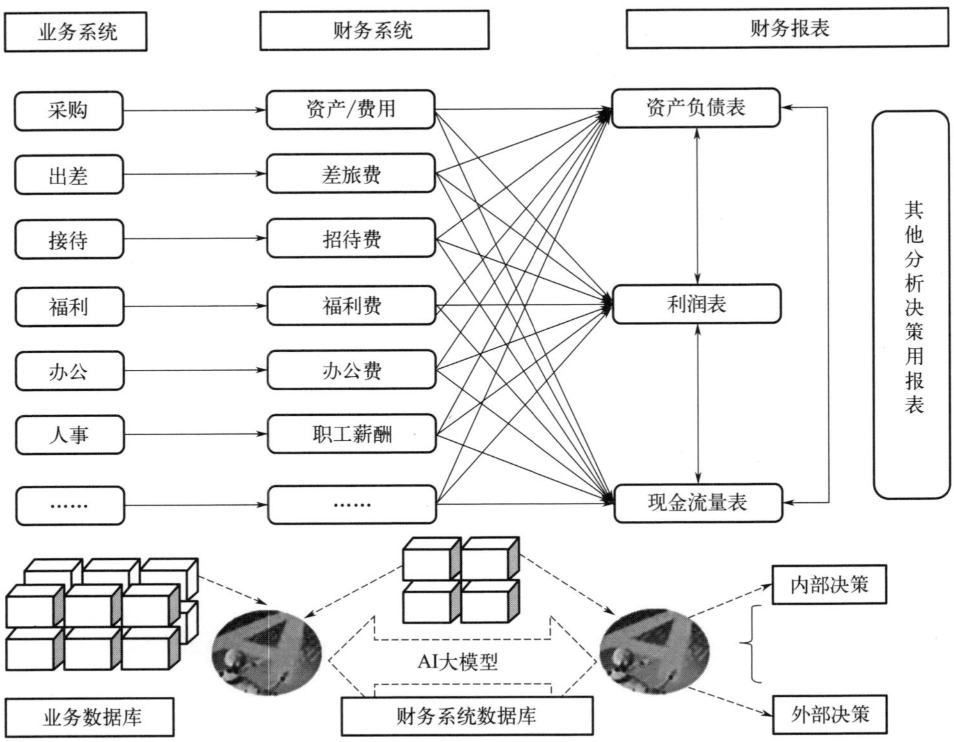

图 7-5　AI 赋能业财一体化

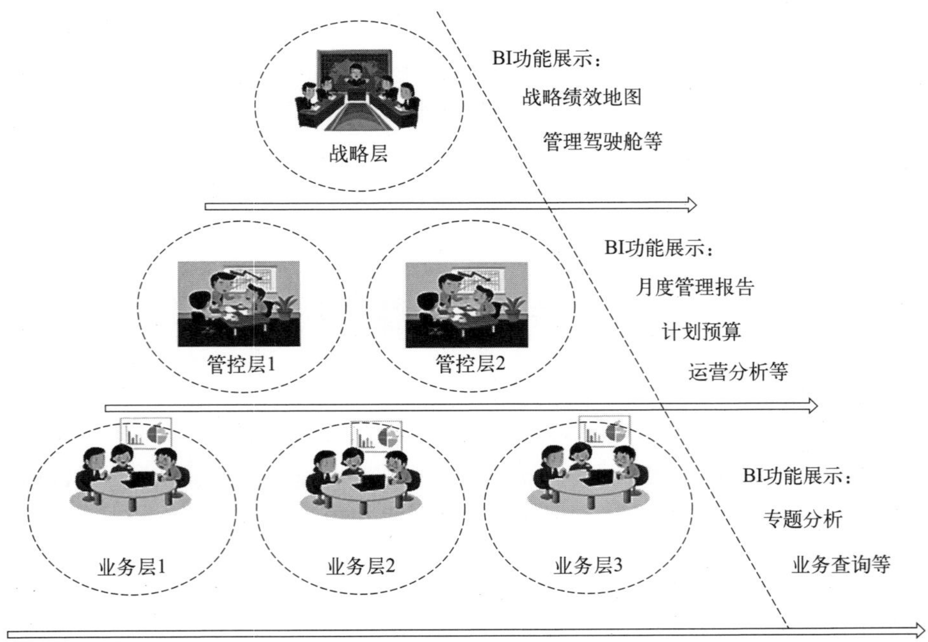

图 7-6　商务智能分析系统

（3）AI 大模型在会计决策中的应用

① 会计决策信息化使用现状。通常来看，生产制造企业的业务流程系统是很多人都熟悉的，尤其对财务人员来说，在学校的会计理论课程上所学的也是以制造企业的会计核算尤其是成本核算程序为主的，所以这里主要是以生产制造企业的生产经营过程为例进行介绍。不论是离散型还是流程型生产制造企业，从财务会计核算成本归集方面来看，直接生产成本主要来自主要原材料、辅助材料、动力能耗、其他物料成本及车间的直接人工成本等，间接成本主要包括各类需经过分摊的制造费用和期间费用，这些成本在归集的过程中呈现的就是物流、信息流、资金流的流动路径。

在现在大多数企业中，从采购到生产直至销售，每个价值链的环节中，皆有相关信息系统手段，除了财务共享中心，能够在统一平台上集成诸多费用报销、资金审批、ERP 系统订单、计划及财务结账的流程，如图 7-7 所示。

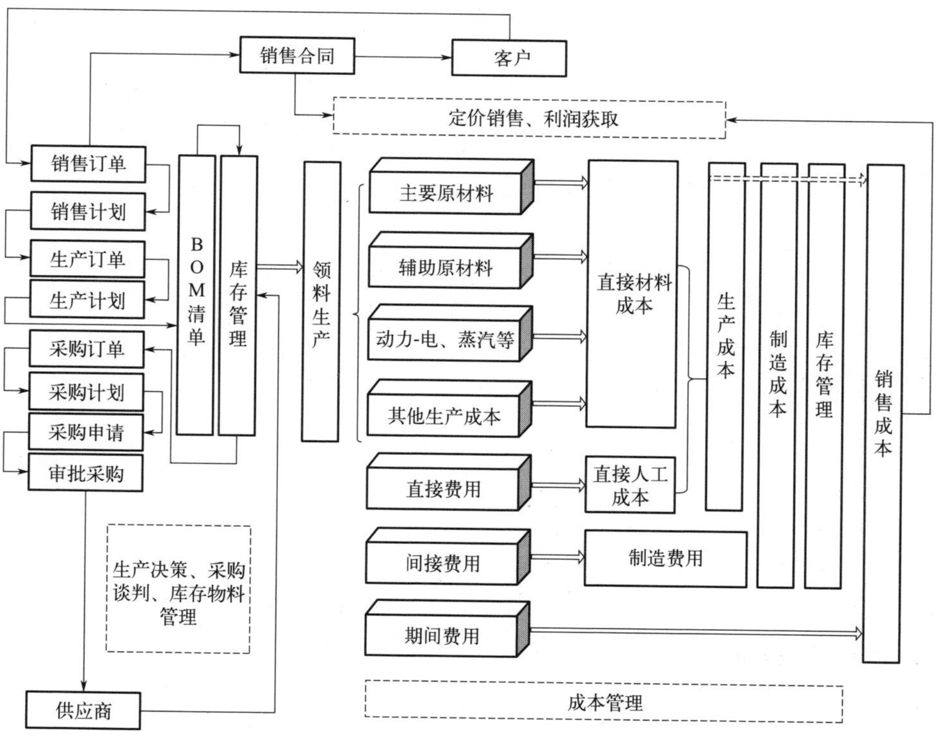

图 7-7 生产制造企业业务流程

② AI 大模型优化空间。大部分企业当前的业务系统和财务系统是分散的，

这种现实就导致库存、采购、生产、销售的相关决策存在信息差，影响了决策效率和质量，不足以应对今天的信息传播速度和瞬息万变的市场机制。如果要增加统一的数据库及应用系统平台，这需要财力投入，更需要管理思维、人力资源和企业管理文化的深入转变和推动。AI 大模型的技术迭代，可以有效连接信息使用者、信息加工者、信息生产者，如图 7-8 所示。

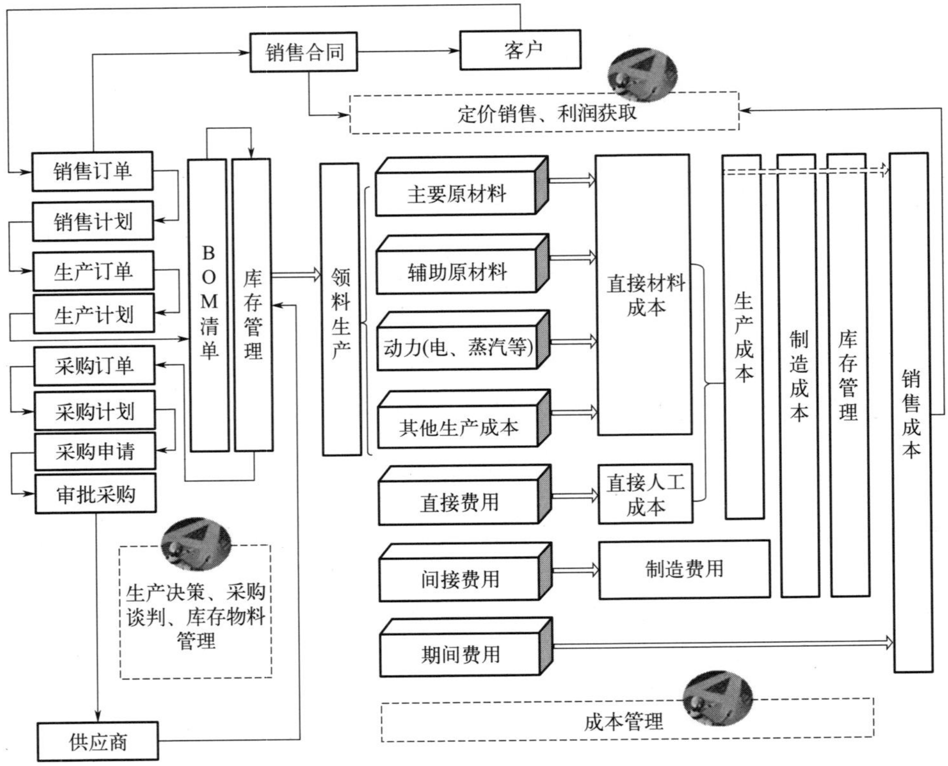

图 7-8 AI 大模型优化生产制造企业业务流程

a. 生产决策。它是企业在考虑短期生产活动时，对于生产什么、生产多少以及如何生产等问题所做的选择。其主要内容及目的是解决企业生产资源配置的问题，需要企业决策者在现有生产条件下，最有效地利用企业的各种人财物资源，为公司创造最大的经济效益。具体决策内容主要包括：生产何种产品、新产品是否需要自我开发、某些产品系列是否要停产、半成品继续深加工还是立即作为产成品销售、某些订单产品是自我加工还是外购、涉及特种订货该如何处理、如何在诸多产品中选择最优化产品结构、是否有技术等相关限制因素尤其是不同工艺加工切换的考虑、是否有专属设备购置及更新，等等。不同的生产类型对于不同企业而言，实施路径及其效果是不同的，需要企业具体问题具体分析。

当然，成本决策是生产决策的很重要的内容，如果仅仅从财务会计成本核算的角度来看，产品的制造成本是非常重要的概念，因为它从属性上来说，一旦发生就属于历史成本，但是对于企业决策者来说，成本的管理更在乎的是成本的前瞻性判断，即生产预测和决策，也就是说，它关注的是未来而不仅仅是过去。诚然，历史成本是很重要的决策参照，但是在做决策时，当前的管理水平或信息化系统水平，并不足以支撑，因为决策是综合性的，而非单一信息关联。在做成本决策时，与决策实现相关的成本，我们称为相关成本。相关成本与财务会计在记账时，即成本核算时的产品成本概念不同，它包括的内容更多样化，是与决策有关的成本的总称，比如，机会成本、差量成本、专属成本、重置成本等，这些概念一般不会在凭证和账簿中反映，但决策时要考虑。如何把这些信息快速全面获得，从成本角度考虑，AI 大模型是非常不错的选择。

b. 库存决策。库存决策是指企业在经营活动中确定商品库存量的活动。目的是在保证生产和销售任务完成的前提下，努力降低企业在库存商品上的资金占用和耗费。不同类型企业的库存决策的内容各有千秋。企业库存决策的内容比较复杂，包括确定材料储备量、半成品储备量和产成品储备量。材料储备量的确定需要根据企业生产任务和材料耗用定额来进行。通常以生产制造企业为例来做研究，比如某企业每次采购数量必须是经济批量，即某种商品的采购成本和仓储保管成本之和最低时的采购批量。其计算公式如下：经济批量 =2× 某种商品年度采购数量 × 一次采购费用 / 单位材料的保管费用。当然，我们希望的是零库存，这也是诸多企业正在积极推行的精益管理的目的所在。但是，现实中很难做到，即使在信息化系统非常全面的情况下也很难做到。AI 大模型可以运用其自身特色技术优势，满足每个企业的库存决策需求，但是，从效率和产品特色而言，AI 大模型要走的路还有很远，如图 7-9 所示。

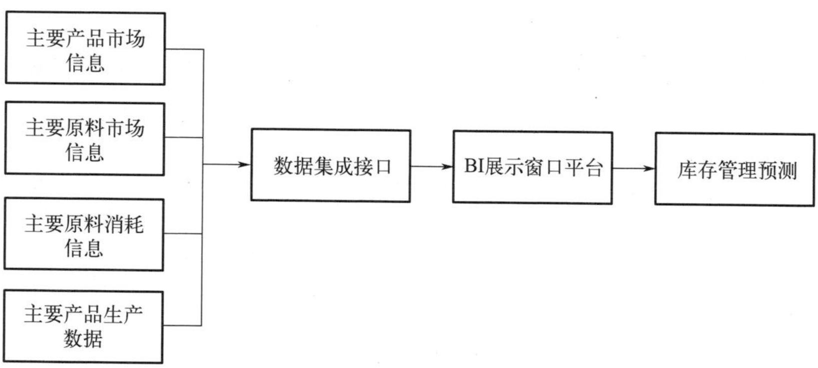

图 7-9 AI 大模型赋能库存决策

c. 定价决策。定价决策是指企业为实现其定价目标而科学合理地确定商品的最合适价格。它应考虑的因素众多，但是一般而言，考虑成本与市场供求因素较多。通常来说，定价的基础是要知道成本再结合具体情况考虑适当利润或者其他因素，从而制定可行的价格，财务会计可以提供完全成本、变动成本、边际成本等，供决策者定价；在研判市场供求规律时，最优价格的确定，不能纯粹地依托理论计算，即不能单纯地在价格与销量具备连续函数的条件下，运用极值法原理通过求导确定最优价格；也不能在价格与销量不具备连续函数的条件下，运用边际收入等于或接近于边际成本时利润最大来确定最优价格。因为，影响企业的生产和定价决策的决定因素错综复杂，如果未能获取企业客户的采购订单，销售定价就没有意义了。无论如何，我们在决策时，还要考虑诸多因素，最关键的是四个因素：竞争态势、品牌、销量或利润目标、生命周期。可以考虑，企业在日常是如何定价的？财务会计如何快捷提供相关信息？要充分利用好 AI 大模型的技术优势。当企业以增加盈利作为其定价目标时，应采用最大盈利定价法，此时应以最大盈利作为其决策的目标函数；当企业以扩大销售额及提高市场占有率为目标时，应采取较低价格定价法，此时应以销售额或市场占有率作为其决策的目标函数，如图 7-10 所示。

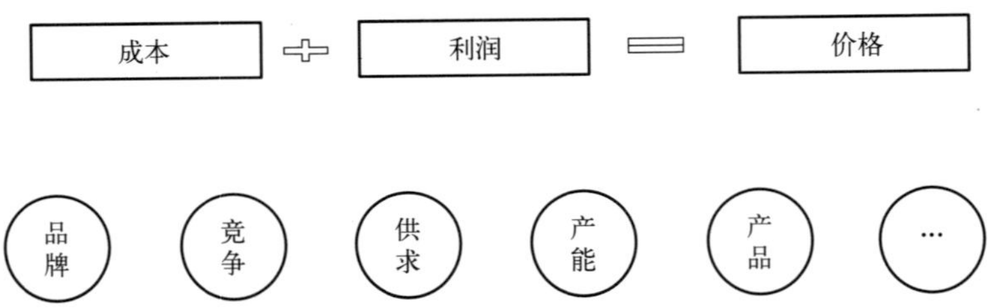

图 7-10 企业定价决策

7.3 关于 AI 大模型在会计决策中应用的未来展望

希望在未来的财务会计工作中，传统财务会计工作的所有环节都能实现智能化，比如在会计核算方面：如何选择账套核算架构；在财务分析方面：如何利用好 AI 大模型进行常规性分析提质管理、如何开展创新型专题分析；在预算管理方面：如何系统及时科学地开展全面预算工作，制定准确的资金计划、融资计划，并及时做到风险预警提示；在成本管理方面：如何精确科学合理地进行成本计量、分配及为成本优化做出适时的科学建议；在投资并购方面：如何及时全面地收罗信息进行投前决策、投中赋能及投后管理，这些都是未来 AI 大模型要考虑的管理工作。我们希望 AI 大模型能类似于人且胜于人，可以自动反馈、可以语音对话，甚至具备思考能力，像人一样智慧地处理各种工作，这对人力成本及管理成本来说是有巨大益处的，当然对就业可能短期内有冲击，但是相信届时会产生新的行业新的职业供财务会计人员选择。

第四部分 AI 技术应用的挑战与未来发展

8. 技术挑战

AI 技术的应用改变了许多行业的运作方式，已经渗透到教育、金融、智慧城市、财会等领域。如在教育领域，AI 技术可以通过个性化的学习路径和智能化的教学辅助工具提供更有效和定制化的教育。在金融领域，AI 技术可以通过数据分析和预测提供更准确的风险评估和投资建议。在智慧城市领域，AI 技术可以通过智能交通控制、智能能源管理等方式提高城市的效率和可持续性。在财会领域，AI 技术可以自动化进行繁琐的数据处理和分析，提高财务报告的准确性和效率。因此我们可以期待 AI 技术在更多领域发挥重要作用。

在财会领域，AI 技术的应用案例已经屡见不鲜。例如，许多大型企业利用 AI 技术进行自动化的财务报表分析，通过算法识别财务数据中的模式和趋势，为企业决策提供有力支持。此外，在审计工作中能够帮助审计人员快速筛选出可疑数据，大大提高审计效率。同时，在税务筹划方面，AI 技术也能够帮助企业合理规避税务风险，优化税务结构。在财会领域，AI 技术大大提高了财会工作的自动化程度，减轻了财会人员的工作负担，让他们有更多精力投入复杂的分析和决策工作中。其次，通过精确的数据分析，提高了财会信息的准确性和可靠性，为企业的健康发展提供了有力保障。最后，还能够帮助企业实现更加精细化的财务管理，提升企业的整体竞争力。

然而，AI 技术的应用也面临着一些挑战。AI 技术在财会领域应用的挑战主要有以下三个方面，一是数据隐私与安全，二是模型可解释性与透明性，三是技术整合与实施难题，如图 8-1 所示。

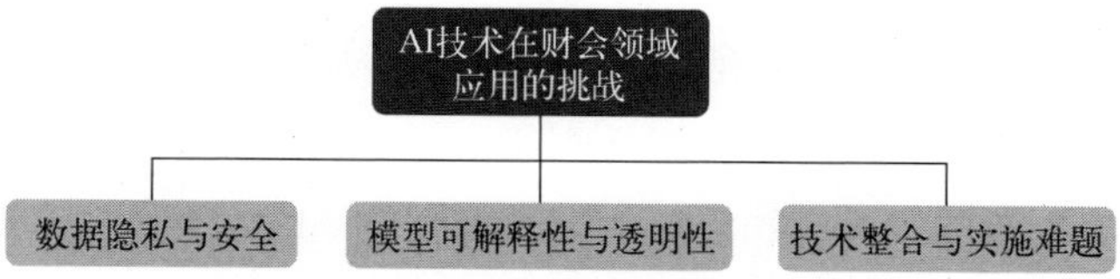

图 8-1 AI 技术在财会领域应用的主要挑战

8.1 数据隐私与安全

AI 技术在财会领域应用的技术挑战之一是数据隐私与安全问题。随着 AI 技术在财会领域应用，企业的大量数据被存储在系统中，数据的隐私与安全性也成为企业管理关注的焦点，有数据泄露风险、黑客攻击与病毒感染风险、未经授权的访问等。其一，数据泄露风险，财务数据一旦泄露，企业的财务信息将公之于众，会影响企业声誉和竞争力，给企业带来严重威胁；其二，黑客攻击与病毒感染风险，数字化系统容易成为黑客和病毒的攻击目标，一旦系统受到攻击，会引起数据的丢失或系统的崩溃，给企业带来严重威胁；其三，未经授权的访问，如财务系统的访问权限管理不严格，会引起未经授权的人员获取财务数据，从而产生隐私泄露风险，给企业带来严重威胁。

在财会领域，涉及大量的敏感金融数据和个人身份等信息，如果没有得到有效保护，可能引起未经授权的访问、泄露或滥用。如果不具备安全的数据传输和存储机制，数据会被未经授权的人员访问、篡改或泄露，因此保护数据的机密性和完整性至关重要。

数据隐私是 AI 技术在财会领域应用中面临的主要挑战之一。AI 技术运用过程中需要依靠大量的数据，因此财会部门在使用 AI 技术时需要收集和存储大量敏感数据。保护这些数据的隐私是至关重要的。此外，在使用 AI 算法进行分析和预测时，需要确保对数据进行适当的匿名化和脱敏处理，以保护数据主体的隐私权。另一个挑战是数据安全，互联网虚假信息泛滥，如以下场景：一是数字分身，如研究团队利用 DeepFake 技术，合成出爱因斯坦的数字分身；二是伪造视频，尤其是伪造领导人视频引起国际争端，这些行为也导致社会公众对新闻媒体行业的信任塌陷；三是伪造新闻，谋取非法利益，赚取流量，扰乱社会秩序。

财会领域的数据需要保证完整性、可用性和机密性等特性。通过 AI 技术分析的大量数据可能会存在安全风险，如数据泄露、篡改或黑客攻击。因此，财会部门需要采取适当的安全措施，包括数据加密、访问控制、身份验证等，以确保数据的安全性。对于涉及多个法律和地域的跨境交易财会业务，数据隐私和安全的挑战更加复杂。不同国家和地区对数据隐私和安全的法规和标准可能存在差异，需要遵守相关法律法规，同时制定适当的政策和措施，以确保跨境数据传输和处理的安全性和合规性。数据隐私与安全问题的解决措施如表 8-1 所示。

表 8-1　解决数据隐私与安全问题的一些措施

序号	技术挑战	解决措施
1	数据隐私	数据加密和安全传输
2	数据安全	① 访问控制和权限管理 ② 匿名化和脱敏 ③ 安全云存储 ④ 监测和报告 ⑤ 遵守法规和法律要求 ⑥ 员工培训与教育 ⑦ 安全审计

（1）数据加密和安全传输

对于处理敏感信息的 AI 系统，应采用加密机制，包括使用安全协议和通信渠道来保证数据在传输过程中不被窃取或篡改，确保数据在传输和存储过程中的机密性和完整性。

财会领域涉及敏感的财务信息，如个人身份信息、交易详情、税务数据等。在处理这些敏感数据时，必须遵守合规要求，采取安全措施以保护数据的隐私和安全。

（2）访问控制和权限管理

通过建立严格的访问控制和权限管理机制，确保只有被授权人员才能访问和处理特定的财务数据，确保数据仅在有限的范围内被使用，减少财务数据泄露和滥用的风险，保障信息安全。

（3）匿名化和脱敏

在财务数据使用过程中，将敏感数据进行匿名化和脱敏处理，确保财务数据在分析和处理中无法关联到具体个人。

（4）安全云存储

选择可靠的云服务提供商，确保数据在存储和备份过程中得到安全保护，包括数据加密、数据备份和灾难恢复机制等。

（5）监测和报告

建立监测机制，及时发现和报告任何可能的数据安全威胁或违规行为。定期审查系统日志和进行安全性评估，以确保财务数据安全。

（6）遵守法规和法律要求

确保符合相关的隐私保护法规要求，如数据保护条例、个人信息保护法等。定期进行合规性审查，确保满足隐私和数据保护的法律法规要求。

（7）员工培训与教育

加强员工的数据隐私与安全意识培养，传授员工关于数据安全最佳实践的知识，以避免内部人员滥用财务数据或未经授权的访问。

（8）安全审计

定期进行安全审计，对财务系统和财务数据进行评估和检查，及时发现潜在的安全漏洞和问题，并采取相应的纠正措施。

AI 技术在财会领域的应用必须解决这些数据隐私与安全的技术挑战，以保护敏感数据的隐私，确保数据的安全性和合规性。以上措施的综合应用可以加强财会领域中使用 AI 技术时的数据隐私与安全防护，确保客户和组织的敏感信息得到保护，减少数据泄露和滥用的风险。

8.2 模型可解释性与透明性

AI 技术在财会领域应用的技术挑战之一是模型可解释性与透明性。在 AI 技术领域，随着深度学习技术的不断突破，AI 大模型在文本处理、语言处理等领域展现出惊人的能力。然而，这些模型内部复杂的决策机制往往被视为“黑箱”，面对这些高度智能化的决策系统，我们往往难以理解和解释其决策和推理过程，这也影响了 AI 技术的可信度，限制了它的广泛应用。在财会领域，模型的可解释性和透明性至关重要，有助于决策者了解模型的依据，让模型更加透明和可信，如表 8-2 所示。

表 8-2　模型可解释性与透明性的主要表现形式

技术挑战	主要表现形式
可解释性	① 非结构化数据的处理 ② 数据的获取和整合
透明性	① 复杂的算法模型 ② 黑盒模型 ③ 伦理问题——偏差和歧视 ④ 可信度和可靠性

8.2.1　可解释性

可解释性指的是 AI 模型的决策过程能够被人类理解和解释。麻省理工学院的 Francesca Rossi 教授指出："AI 的可解释性是其伦理和法律合规性的基石。"一个具有可解释性的模型，其预测结果不仅准确，而且能够清晰地揭示其决策过程与结果背后的逻辑、原因和推理路径，从而增强用户对模型的信任，使得它的运作机制不再神秘，可以适应复杂多变的环境。可解释性一般分为局部可解释性和全局可解释性。前者关注单个输入数据，后者则关注整个数据集。

（1）非结构化数据的处理

在财会领域，AI 并不意味着完全的自动化。财会领域的数据通常是半结构化或非结构化的，如财务报告、审计报告等，这些数据通常不符合传统的结构化数据模式，AI 在读取过程中通常会遇到困难，处理过程中通常要采用自然语言处理、文本挖掘方法、专业领域知识等。需要考虑在特定场景下适合的方法和技术，用以适应非结构化财会数据的特点，确保应用的有效性和准确性。非结构化数据往往涉及特定的财务概念、规则和标准。整合领域知识，构建专业领域的知识图谱或专业术语库，有助于提高 AI 大模型对非结构化数据的理解和处理能力。AI 大模型需要具备良好的可拓展性和适应性，以处理不同类型和格式的财务数据。

（2）数据的获取和整合

在某些情况下，可能没有数据、没有足够的财务数据，财务数据可能分散在不同的系统中，在这种情况下，需要一种方法来获取和整合数据，以供 AI 大模型进行分析和预测。在某些场景下，可能会遇到对方故意设置障碍和困难的情况，例如，可能故意隐瞒或篡改财务数据，或者提供不完整或错误的数据。解决这个挑战的关键是建立坚实的合作关系和有效的监管机制，以确保数据的可靠性和完整性。

8.2.2 透明性

透明性是指 AI 模型的决策过程可以被公开和审查。在财会领域，透明性是指财务信息的可获取性、可理解性和可比性等特征。透明性包括数据透明性和算法透明性两个方面。数据透明性要求模型的训练数据和预测结果可以被公开和审查，而算法透明性则要求模型的算法和决策过程被公开和审查。财务信息透明度的提升有助于用户了解模型的内部工作机制，从而增强模型的可靠性和可信度，能够提供准确的决策依据，增强竞争力，还可以降低企业违法违规行为的风险。

模型的透明性在财会领域的挑战主要包括以下几个方面：

（1）复杂的算法模型

AI 模型在财会领域通常采用复杂的深度学习模型或机器学习算法进行训练和预测。然而，这些模型往往缺乏可解释性，无法准确解释其决策依据和逻辑，带来了一定的困扰。

（2）黑盒模型

大部分 AI 模型都被称为“黑盒”，即无法直接理解和解释其内部工作原理，内部运作机制不透明，人们难以理解其如何从输入得到输出的结果，也难以对模型的决策结果提供解释。

（3）伦理问题——偏差和歧视

AI 模型在财会领域的应用可能受到数据偏差和不公平性的影响。例如，在信贷评估中，如果数据存在偏差或不足，模型可能倾向于歧视某些人群或社会群体，会将这些偏见反映在评估结果中，引起不公正的决策和结果。

（4）可信度和可靠性

AI 大模型面临的严重可信问题，这些问题包括：

① 事实性错误。AI 大模型可能会输出不准确、错误的信息，这可能是由于

数据中存在不准确的信息或模型未能准确理解输入。

② 政治偏见和错误言论。由于数据中存在的偏见或模型本身的问题，以西方价值观叙事，AI 大模型可能会输出带有政治偏见或错误言论的内容。

③ 输出错误知识和有害内容。AI 大模型易被诱导，导致输出错误知识和有害内容。

④ 数据安全问题加重。AI 大模型成为重要敏感数据的诱捕器，ChatGPT 将用户输入的内容纳入训练数据库，用于改善 ChatGPT。

AI 模型的可信度和可靠性是财会领域应用中的一个关键问题。财会决策需要依赖准确和可靠的模型预测和结果，但如果无法对模型的工作机制和可靠性进行准确评估，就难以确保模型的可信度。

为了应对模型可解释性与透明性在财会领域的这些挑战，可以采取以下措施：

① 开发可解释的模型。可以尝试开发可解释性较强的 AI 模型，使模型的决策过程和依据更加透明。

② 模型评估与验证。可采用合适的评估指标、模型解释技术和潜在影响分析等方法对 AI 模型进行严格的评估和验证。

③ 数据分析与清理。可以通过对财务数据进行分析和清理，消除财务数据偏差和不公正性的影响。

④ 强化监管和合规。可以通过发展相关标准用于指导 AI 模型在财会领域的应用需要满足一定可解释性和透明性的要求，确保决策可靠、公正。发展大模型安全监管技术和自主可信的大模型。除了技术手段外，人工智能安全保障还需要相关的立法工作来确保 AI 合法使用和保护用户权益。

总体而言，提高 AI 模型在财会领域的可解释性和透明性是一个艰巨的任务，但通过技术创新、规范引导和合作努力，可以解决这些挑战并建立可靠和可信赖的 AI 系统。提高模型的可解释性与透明性可以增强用户信任，促进更广泛的应用和更多数据的收集。这将进一步推动计算能力的需求，形成良性循环。计算能力的提升为深度学习算法的优化提供了坚实基础，加快了实验和迭代的速度，从而加速算法优化。优化后的深度学习算法能够更好地处理复杂的数据和任务，为模型的可解释性和透明性提供了技术基础。

通过开发可解释的模型、模型评估与验证、数据分析与清理、强化监督和合规等措施，我们可以逐步揭开 AI 大模型的面纱。大模型技术的进步主要体现在以下三方面：模型的可解释性和透明性，深度学习算法的优化，计算能力的提升。大模型技术的进步，如图 8-2 所示。

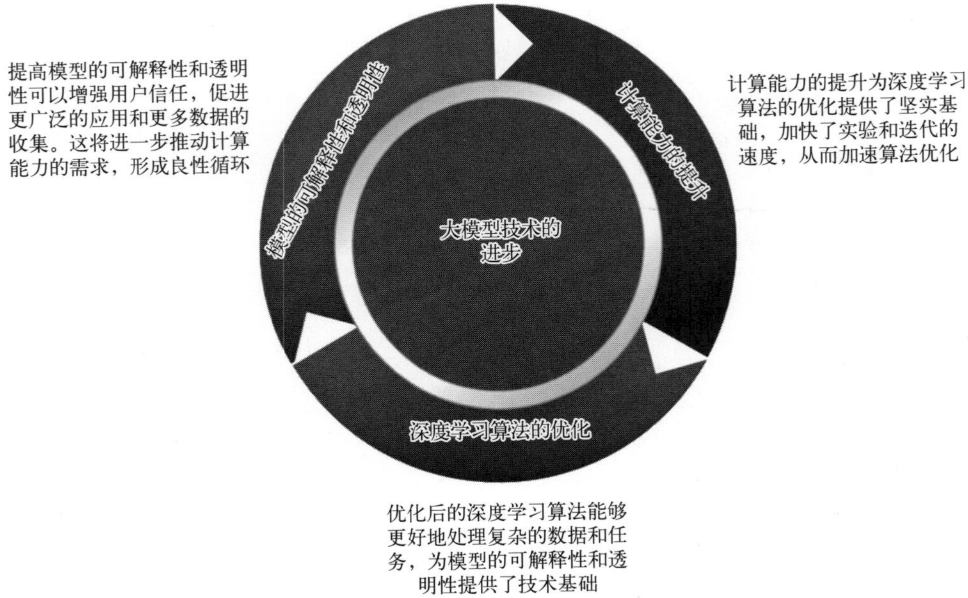

图 8-2　大模型技术的进步

8.3　技术整合与实施难题

AI 技术在财会领域的应用过程中，技术整合与实施的难题也是一个重要的技术挑战。本节将讨论技术整合与实施难题相关的几个方面。

8.3.1　数据标准化和集成问题

AI 技术需要大量的数据进行训练和学习，在财会领域，数据通常来自不同的系统和数据源。不同的财务系统和数据库可能存在数据格式、标准方面的差异。因此，将这些数据整合起来并进行处理是一个复杂的过程，确保获取准确、一致的数据是一个技术挑战。

8.3.2　业务流程与系统集成问题

财会领域涉及的系统和业务流程较复杂，如：财务核算、成本控制、预算管理等。AI 技术的应用需要与这些业务流程和系统进行整合和集成。如何将 AI 技术与现有的财会系统和业务流程无缝衔接，确保数据传递和交互的准确性和一致性，是一个技术挑战。

8.3.3 技术能力和培训问题

AI 技术在财会领域的应用需要相关人员具备相关的技术能力和知识。财会专业人员需要具备对 AI 技术的理解和应用能力，而 AI 专业人员需要具备财会领域的理解和专业知识。如何进行相关培训和人才交叉学习，以建立跨领域的技术团队，是一个技术挑战。

① 缺乏 AI 技术专家。AI 技术在财会领域的应用需要专业的技术人才，但市场上的 AI 专家相对稀缺。缺乏合适的 AI 技术专家限制了财会人员的培训和技术支持。

② 技术知识与领域知识之间的鸿沟。财会领域专业人士对于 AI 技术的了解相对较少，理解和应用 AI 技术的能力有限。需要培养专业人士对于 AI 技术的理解和运用能力，并加深其对财会领域的了解。

③ 培训资源匮乏。AI 技术更新迅速，财会领域缺乏与之同步的培训资源。培训课程、教材和实践机会都不足，难以满足财会人员对 AI 技术的学习需求。

④ 人员培训需求差异性大。财会领域的从业人员在技术水平和需求上差异较大，有些人可能已经对 AI 技术有所了解，需要更深入地学习和应用；而有些人可能完全没有接触过 AI 技术，需要从基础开始培训。因此，制定适应不同需求的培训计划具有挑战性。

⑤ 技术更新速度快。AI 技术的发展和创新速度快，要求专业人员不断跟进新技术和新应用。财会领域的专业人员需要不断学习和更新知识，以适应技术的快速变化。

⑥ 持续监控和更新。AI 技术的实施不是一次性完成的，需要进行持续的监控和更新。财会数据和业务流程的变化可能会影响 AI 模型的表现和准确性。如何建立有效的监控机制，及时发现和解决问题，并实现模型的持续更新和优化，是一个技术挑战。

为了克服这些技术整合与实施难题，需要综合考虑技术、业务和组织等因素，以下是一些可能的解决方法：

（1）数据标准化和集成

通过数据验证、去除错误和重复数据、填充缺失值等方法，提高数据质量。

制定数据采集和录入规范，确保数据在录入阶段能够按照统一的标准进行处理。建立数据监控机制，定期检查数据质量，并及时纠正和优化。通过数据标准化和集成，确保不同数据源的数据能够流畅地整合到 AI 系统中。

（2）业务流程与系统集成

① 不同系统之间的数据集成难题。解决方法包括以下三种：一是数据接口开发，开发标准化的数据接口，使得不同系统能够传输和共享数据；二是数据格式转换，将不同系统中的数据格式进行转换，以便实现数据互操作性；三是数据同步和实时更新，确保系统中的数据保持同步，并能够实时更新。

② 业务流程整合难题。解决方法包括以下三种：一是业务流程建模和优化，对财会业务流程进行建模，分析现有流程瓶颈，并设计优化方案，以适应 AI 技术的应用需求；二是自动化与智能化，通过 AI 技术，自动化财会业务流程，减少人工干预，提高效率和准确性；三是系统集成和整合，将 AI 技术与现有财会系统进行集成，实现无缝衔接和自动化数据处理。

③ 数据和模型集成难题。解决方法包括以下三种：一是数据归集和清洗，将来自不同系统的数据进行归集和清洗，以便进行统一的分析和建模；二是模型开发和集成，开发 AI 模型，并将其集成到财会系统中，实现数据分析和预测等功能；三是实时数据更新和模型监控，确保数据和模型持续更新，并建立模型监控机制，及时发现和解决问题。

④ 跨部门和跨系统的沟通和合作难题。解决方法包括以下三种：一是建立跨部门协作机制，建立跨部门的合作机制和沟通渠道，以便实现财会业务和 AI 技术的整合；二是制定明确的职责和流程，明确不同部门和系统在整合过程中的职责和流程，以确保各方的配合和协作；三是通过培训和知识共享向各个部门和系统的相关人员提供必要的培训和知识共享，以提高其理解和应用 AI 技术的能力。

通过以上解决方法，可以克服 AI 技术在财会领域的业务流程与系统集成难题，实现财会业务和 AI 技术的协同发展，并提高财会工作的效率和准确性。

（3）培训与人才发展

针对这个难题，可以采取如下解决方法来促进 AI 技术在财会领域的培训与人才发展。与高校合作开设 AI 技术与财会领域相关的课程，培养专业人士并加强理论知识的基础建设。

① 建设内部培训体系。建立并完善企业内部的培训体系，提供 AI 技术相关

的培训课程和资源，满足内部人员的学习需求。

② 培养技术与领域知识交叉的人才。培养既具备 AI 技术知识又精通财会领域的复合型人才，弥补技术与领域知识之间的鸿沟。

③ 提供持续学习机会。持续关注 AI 技术的发展和应用场景，提供定期的培训和学习机会，以帮助专业人员更新知识和应用技能。

④ 建立行业交流平台。组织行业内的交流和合作，分享最佳实践和经验，促进学习与合作。

⑤ 激励人才发展。提供激励措施，如晋升机会、薪资福利等，以吸引和留住具有 AI 技术能力的人才。

通过以上解决方法，可以推动 AI 技术在财会领域的培训与人才发展，提升财会人员的技术能力，并推动 AI 技术在财会领域的广泛应用。

综上所述，技术整合与实施难题是 AI 技术在财会领域应用的重要技术挑战。确保财会领域数字化转型成功的关键是强化数据管理和系统整合。通过建立统一的数据标准和管理流程，确保来自不同来源的数据可以有效整合和分析。企业可以建立统一的数据和业务中台，用于数据的集中管理和共享，从而提供统一的数据服务，实现系统整合。另外，需要重视数据安全和保护机制。上述措施有助于企业构建一个高效、安全的系统，为智能财务决策奠定基础。

9. 未来发展趋势

9.1 拓展与深化财务应用领域

（1）新兴财务应用场景

目前，我们已经进入一个科技迅速发展的时代，经济、技术、生存、思维等方面都在发生巨大的改变，以大数据、人工智能、移动互联网、云计算、物联网、区块链等为代表的新一轮科技革命突飞猛进，对我们的社会、生活和工作产生深远的影响。其中，AI 大模型正以势不可挡的趋势迅速发展。据不完全统计，2024 年中国已有 100 个 10 亿参数规模以上的大模型。2023 年 2 月，中兴新云发布了《ChatGPT 解读及财务应用探索》，这份报告分析了 ChatGPT 在财务领域中的潜在价值与影响：一是塑造财务场景新角色，二是赋能财务发展新未来。AI 赋能财务场景新角色如图 9-1 所示。

① 多功能财务分析助手

a. 提供分析框架。AI 大模型通过整合和分析大量财务数据，运用先进的算法识别模式和趋势，为企业提供风险预测、决策支持和自动化报告生成。它能够自动化执行会计核算、预算编制，并提供战略规划的多维度分析报告，同时确保合规性，从而构建一个高效、智能的财务分析框架，帮助企业优化资源配置，提高决策质量和运营效率。

b. 提供数据代码。AI 大模型提供财务数据代码主要通过整合和自动化处理财务数据，以及生成结构化的财务报告和分析。AI 大模型能够从非结构化数据中提取关键信息，例如使用 OCR 技术识别和提取财务报表中的数据。接着，AI 大模型利用 NLP 技术理解合同内容，提取关键财务信息，并根据预设的模式或模板生成财务报告。此外，AI 大模型还可以通过 API 和系统集成，将提取的数据直接集成到企业的财务系统中，实现数据的自动化处理和分析。在风险管理方面，AI 大模型能够通过分析历史数据，识别潜在风险因素，并预测未来风险趋势，从而生成风险管理报告和预警信号。这些能力使得 AI 大模型成为财务分析和决策支持的强大工具。

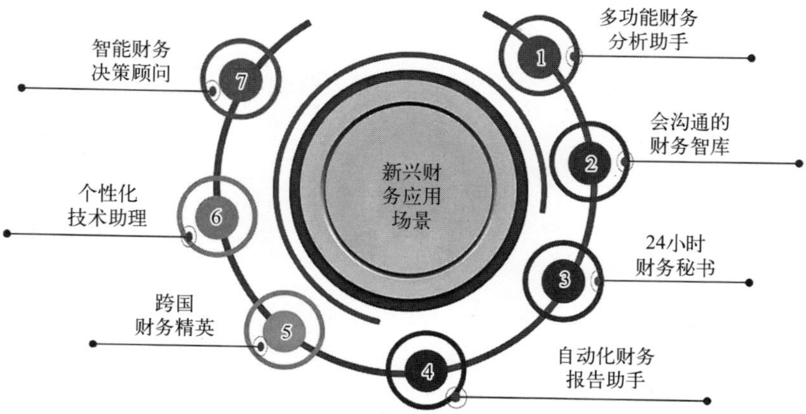

图 9-1 新兴财务应用场景

c. 构建复杂模型。AI 大模型构建复杂模型的过程涉及多个阶段，包括数据预处理、模型构建、模型训练和模型评估。在数据预处理阶段，原始数据被清洗、整理和标注，为模型提供合适的输入。接着，在模型构建阶段，根据特定任务需求设计并搭建神经网络，该网络由多个层次组成，每个层次包含若干个神经元，神经元之间通过权重连接。在前向传播阶段，数据输入神经网络，按照权重计算各层神经元的输出。随后，通过激活函数如 ReLU、Sigmoid 或 Tanh 等对输出进行非线性变换，增强模型的表达能力。损失函数衡量模型预测结果与真实目标之间的差距，常见的损失函数包括均方误差（MSE）、交叉熵损失（Cross-Entropy Loss）等。最后，在模型评估阶段，通过验证集对模型进行评估和优化，确保模型的准确性和泛化能力。整个过程需要大量的计算资源和精细的调参，以确保模型能够处理复杂的任务和数据集。

d. 解读分析结果含义。AI 大模型解读和分析财务结果的含义主要通过其强大的数据处理和分析能力来实现。AI 大模型能够整合企业内部的财务数据，如交易记录、资产负债表，以及外部数据，如市场指数、宏观经济指标等。利用机器学习和数据挖掘技术，AI 大模型分析历史数据，识别潜在的风险因素和风险事件的模式。通过时间序列分析，AI 大模型预测未来的风险趋势，如汇率波动、利率变化等。此外，AI 大模型对识别出的风险进行量化评估，判断其对企业财务的影响程度，并提供风险应对策略的建议。最终，AI 大模型能够自动生成风险管理报告，包括风险概况、影响分析和建议措施，并构建实时的风险预警系统。这样，AI 大模型技术能够在财务风险管理中发挥其分析、判断和生成能力，帮助企业提前识别和应对财务风险，从而保护企业资产，确保财务稳定。

② 会沟通的财务智库

a. 解答财务概念、会计核算方法。AI 大模型解读和分析财务概念、会计核算方法的过程，类似于一个经验丰富的会计师的学习过程。AI 大模型通过学习大量的财务数据和规则，能够掌握会计核算的基本原理，例如如何根据发票确定会计科目和制作会计分录。它能够理解报表的每个项目如何从会计科目中取数，并据此编制报表。AI 大模型的学习能力超越了个体会计师，因为它可以记住更多的规则和维度，并且能够快速处理和分析大量数据。此外，AI 大模型还能够根据企业内部的特定语言环境进行微调，以更精准地理解和处理复杂的财务概念和核算方法。因此，AI 大模型不仅能够提供对财务概念的深入解读，还能够根据实时数据自动化地执行会计核算，提高财务工作的效率和准确性。

b. 查询全范围财务知识。AI 大模型查询全范围财务知识的过程涉及对海量财务数据的整合、理解和分析。它通过集成企业内部的财务资料，如会计凭证、财务报表，以及外部数据，如市场报告、经济指标，构建一个全面的财务知识库。利用 NLP 技术，AI 大模型能够理解用户的查询意图，并从知识库中检索相关信息。此外，AI 大模型还能通过机器学习和数据挖掘技术，分析历史数据，识别财务趋势和潜在风险。它还可以通过训练和微调，适应企业特定的内部语言环境和财务规则，从而提供更精准的查询结果和分析。最终，AI 大模型能够为用户提供全面、专业的财务分析、审核、预测和报告生成等服务，实现财务管理的智能化和自动化。

③ 24 小时财务秘书

a. 文本信息整理。AI 大模型对财务文本信息进行整理的过程通常涉及以下步骤：首先，利用 OCR 技术识别和提取财务文档中的数据。接着，通过 NLP 技术理解合同内容，提取关键财务信息。然后，AI 大模型根据预定的模式或模板，将提取的数据转化为结构化的格式。这一过程中，AI 大模型还能够通过深度学习技术，识别行业通用票据、企业自制表单、合同文本文件等，从而提取多种关键要素，并进行标注训练，确保输出结果的准确性。最后，AI 大模型将整理好的结构化数据通过 API 集成到企业数据库中，以供进一步处理和分析。这一流程不仅提高了财务信息处理的效率，也确保了数据分析的准确性。

b. 财务运营客服。AI 大模型扮演财务运营客服的角色主要通过以下几个方面：首先，AI 大模型能够理解用户的查询意图，通过 NLP 技术从财务文档中提取关键信息，并转化为结构化格式存入数据库。其次，AI 大模型可以提供智能问询服务，根据财务费用管理制度为员工推荐合适的差旅方案，解答报销疑问，使流程变得简单快捷。此外，AI 大模型还能够通过分析历史沟通内容的语义和上下文，归纳、总结重点信息，为人工客服提供回复建议，减少应答时间，提升工作效率和用户满意度。最后，AI 大模型还能实现从传统的菜单式交互到开放、可追问的对话式交互，重塑用户体验，通过“一问一答”的方式快速、精准地提供财税政策和企业规章制度的解读。这样，AI 大模型不仅提高了财务运营的效率，也优化了客户服务体验。

④ 自动化财务报告助手

AI 大模型通过自动化技术和自然语言处理能力，能够高效地处理和分析大量财务数据，从而自动出具财务报告、编制会计报表附注和财务情况说明。AI 大模型首先从企业的财务 ERP 系统中导出科目余额表和系统报表，然后利用多组代码自动生成中间表格，实现对供应商、客户、项目 / 业务分类等多维度口径的数据处理。接着，AI 大模型通过自动化程序实现附注披露格式的自动取数，整个过程无须人工操作，大幅提高效率并确保所有主体的报表附注编制的口径与方法一致。此外，AI 大模型还能够根据搭建的财务资料知识库，自动生成决算财务情况说明书。通过这些自动化流程，AI 大模型显著减少了财务部门的工作量，为重要的数据分析释放了潜力，实现了财务报告的快速、准确生成。

⑤ 跨国财务精英

a. 辅助跨境凭证填写、报告出具。AI 大模型辅助跨境凭证填写、报告出具的过程涉及多个环节。首先，AI 大模型通过 NLP 技术理解跨境交易的复杂条款和要求。接着，它利用 OCR 技术识别和提取财务文档中的关键信息，如发票、合同等。然后，AI 大模型根据提取的数据和企业的会计规则，自动生成会计分录和凭证。此外，AI 大模型还能够根据企业的特定需求和跨境业务的特定场景，自动编制会计报表附注和财务情况说明。最后，AI 大模型通过集成到企业的财务系统中，实现报告的自动化出具，确保报告的准确性和合规性。这样，AI 大模型不仅提高了财务报告的出具效率，还优化了跨境财务流程，使得财务管理更加智能化和自动化。

b. 快速获取国际会计准则、税收政策。AI 大模型快速获取海外会计准则和税收政策主要通过其强大的信息检索能力和自然语言处理技术。AI 大模型能够访问和分析大量的在线数据库和官方发布的文件，迅速提取关键信息。利用自然语言处理技术，AI 大模型可以解读税法文件和税务公告的内容，从复杂的文本中提炼出关键信息，并将其转换成易于理解的概要。此外，AI 大模型还具备持续学习和更新的能力，可以不断地将收集、解读过的内容体系化，逐步形成一个全面而专业的税务知识库。这样，AI 大模型不仅能够提供即时的参考资料，还能作为问答和决策支持的坚实基础，确保提供的信息与政策都是最新的且保持一致性。

⑥ 个性化技术助理

a. 提供技术答疑、程序代码支持。AI 大模型提供技术答疑和程序代码支持的方式主要是通过 NLP 技术理解用户的查询意图，并从其训练过的数据中检索相关信息和解决方案。AI 大模型能够解读税法文件和税务公告的内容，从复杂的文本中提炼出关键信息，并将其转换成易于理解的概要。此外，AI 大模型还能通过分析历史沟通内容的语义和上下文，归纳、总结重点信息，为人工客服提供回复建议，减少应答时间，提升工作效率和用户满意度。在程序代码支持方面，AI 大模型可以提供代码自动补全、代码优化建议、代码重构等功能，如 GitHub Copilot 和 Tabnine 等工具，它们通过分析大量的开源代码库，学会了多种编程语言和框架的语法和模式，能够提供准确的代码建议和补全。这样，AI 大模型不仅能够提供即时的参考资料，还能作为问答和决策支持的坚实基础，确保提供的信息与政策都是最新的且保持一致性。

b. 财务需求转换。AI 大模型提供财务需求转换的过程，首先通过 NLP 技术理解用户的查询意图和财务需求。然后，AI 大模型利用其训练过的数据和财务知识库，将用户的自然语言需求转换为结构化的财务查询或任务。这一过程中，AI 大模型能够识别和解析财务单据、合同文本等非结构化数据，提取关键财务信息。接着，AI 大模型根据企业的会计规则和内部语言环境，将这些信息转换为会计分录或财务操作。最后，AI 大模型自动化地执行财务流程，如自动对账、付款、报告生成等，确保财务需求得到准确和高效的处理。通过这种方式，AI 大模型不仅提高了财务处理的效率，还优化了财务流程，使得财务管理更加智能化和自动化。

⑦ 智能财务决策顾问

a. 资金成本决策。AI 大模型主要通过分析市场数据、客户行为和风险模型提供资金成本决策。它能够快速、高效地处理海量的金融数据，发现隐藏的模式和关联，为投资者提供更加科学、可靠的决策建议。AI 大模型可以预测财务风险，如信用风险、市场风险等，并为风险管理提供决策支持。此外，AI 大模型能够基于历史数据和市场变化，推理出最优的预算分配和资源配置策略，同时自动检查财务活动是否符合相关法规和内部政策，确保企业运营的合规性。通过这些能力，AI 大模型辅助管理层作出更精准的资金、资本决策，并优化资产配置。

b. 经营相关决策。AI 大模型提供经营相关决策的方式主要通过分析企业内部和外部的大量数据，运用机器学习和数据挖掘技术，识别业务趋势和模式，从而为企业提供科学、高效的决策支持。AI 大模型能够处理和分析经营数据，如销售数据、成本分析、市场趋势等，帮助企业进行市场定位、产品策略制定和资源优化配置。此外，AI 大模型还能够根据企业的特定需求，提供定制化的分析报告和建议，如通过分析客户的投资偏好、风险承受能力等信息，提供个性化的投资建议和风险管理方案。通过这些能力，AI 大模型辅助企业管理层做出更加精准的经营决策，优化企业的运营效率和市场竞争力。

c. 战略相关决策。AI 大模型提供战略相关决策的方式主要通过深度分析企业内外数据、市场趋势和风险因素，为企业提供全面的战略建议。

（2）促进“财务 +”协同发展

AI 大模型促进财务与其他领域协同发展的方式主要体现在其强大的数据处理和分析能力，以及与业务流程的深度融合。AI 大模型能够整合企业内部的财务数据和外部的市场数据，通过深度学习算法分析业务趋势和模式，为企业提供全面的战略建议和决策支持。它通过构建“云 - 数 - 智 - 算”全面融合架构，实现数据和 AI 之间的紧密联系，提升金融智能化水平，从智力涌现走向价值涌现。AI 大模型在财务领域的应用，如智能客服、信贷报告生成、智能数据分析等，已经和金融机构合作落地，展示了其在跨领域协同发展中的潜力和效果。此外，AI 大模型还能够理解和把握用户意图，具备多轮对话、记忆、归纳和演绎能力，给财务智能化升级提供了更大的应用空间。通过这些能力，AI 大模型促进了财务数据与业务数据的深度融合，使财务部门能够更好地理解业务动态，支持企业在激烈的市场竞争中保持领先地位。

AI 大模型与多元化领域协同发展的逻辑思路可以通过一个架构图来表示，其中包含基础设施层、模型层、智能体层、能力层和应用层，每一层都通过 AI 大模型的能力和智能体的交互，支持企业的业务和财务决策，实现数据驱动的分析和决策体系的输出，如图 9-2 所示。

第一层：基础设施层。作为整个技术架构的基石，负责提供计算资源、存储资源和网络资源等基础设施支持。这一层通常由高性能的服务器集群、大规模存储设备和高速网络设备组成，确保大模型能够稳定、高效地运行。

第二层：模型层。大模型 AI 的核心是基于深度学习技术构建的各种大规模机器学习模型。这些模型通过训练海量数据，掌握了丰富的知识和模式，能够执行复杂的计算任务。

第三层：智能体层。大模型与外部环境交互的桥梁，负责接收输入信息、执行模型推理并输出决策结果。智能体具有一定的自主决策和行动能力，能够根据环境变化和任务需求灵活调整行为策略。

第四层：能力层。对模型层输出的进一步加工和整合，提供了多种具体的能力和功能，如自然语言处理、图像识别、推理分析等。这些能力为辅助决策提供了丰富的工具和方法。

第五层：应用层。将技术架构转化为实际应用，直接面向用户和业务需求。在这一层中，大模型 AI 被广泛应用于各种决策场景中，如企业管理、政府治理、医疗诊断等。

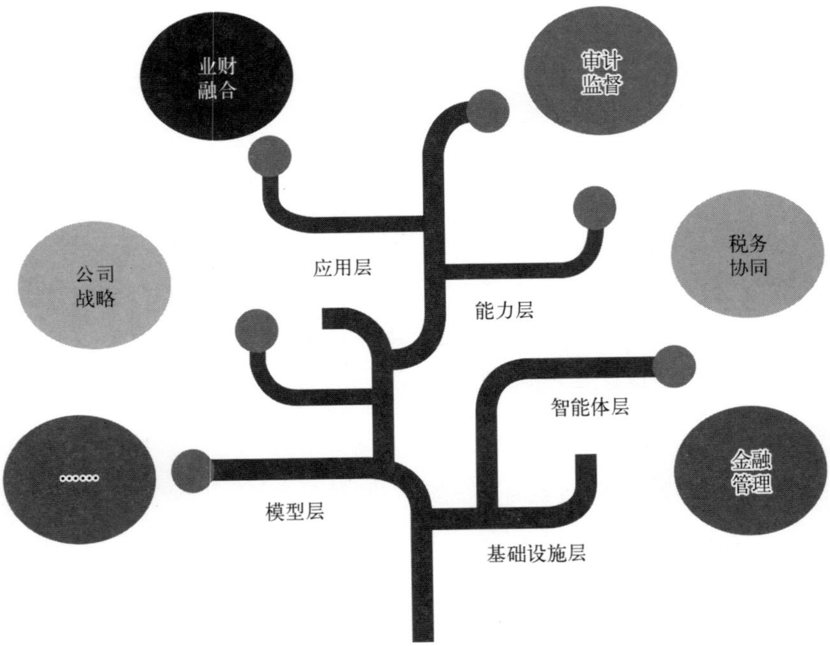

图 9-2 AI 大模型在“财务 +”领域协同发展架构图

① 与金融协同发展。AI 大模型促进财务与金融协同发展的方式主要体现在跨领域的数据处理、分析能力以及对业务流程的深度融合。企业在做金融投资时，可以利用 AI 大模型对市场和信用数据进行分析，帮助其构建更全面的风险评估模型，提供精确的风险预测和决策支持。在量化交易时，AI 大模型通过分析海量金融数据和市场信息，识别交易机会和趋势，自动执行交易策略并实时调

整，提高交易效率和稳定性；在智能投顾服务中，AI 大模型提供全球投资组合管理和个性化的投资建议，为投资者提供全方位的投资研究支持。此外，AI 大模型还能够理解和把握企业意图，具备多轮对话、记忆、归纳和演绎能力，为财务投资智能化升级提供了更大的应用空间。通过这些能力，AI 大模型不仅提高了财务投资的效率，还优化了财务投资流程，使得财务投资更加智能化和自动化，从而促进了财务与金融领域的协同发展。

② 与税务协同发展。AI 大模型通过其先进的数据处理能力，为财务与税务的协同发展提供了强有力的支持，具体表现在自动化税务合规流程，确保报告的准确性和及时性，同时通过智能决策支持系统，为企业提供最优的税务策略和财务规划；AI 大模型还能够整合企业内部的财务、税务和法务数据，构建一个高效而专业的知识管理体系，强化数据治理；此外，AI 大模型结合 GenAI 技术，推动税务智能化转型，提升税务处理的敏捷性，实现风险管理的实时监控和异常侦测，以及税务审计与报告的自动化，从而提高税务审计效率；AI 大模型还帮助企业提高对数据治理和新兴技术的理解及掌握，快速适应环境变化，确保科技的负责任使用。这些应用不仅极大提升了税务工作的效率和质量，还强化了财务与税务间的协同效应，推动了整个财务税务流程的智能化和自动化。

③ 与审计协同发展。AI 大模型促进财务与审计协同发展的方式主要通过提高审计效率、精确性和透明度。AI 大模型能够自动化执行审计过程中的标准任务，如数据核对和分析，减少人为错误和疏漏，提高审计的准确性和公平性。通过自然语言处理技术，AI 大模型能够理解和分析复杂的审计问题，为审计人员提供解决方案和建议，实现个性化审计服务。此外，AI 大模型可以处理和分析海量审计大数据，进一步扩展审计的范围和深度，提高审计工作的效率和质量。它还能够通过深度学习和大规模数据处理能力，自动识别出潜在风险和异常，为审计决策提供智能化支持。AI 大模型的应用还增强了审计透明度，实现实时审计，从而大大提高了审计的效果和价值。通过这些方式，AI 大模型不仅优化了审计流程，还强化了财务与审计之间的协同效应，推动了整个财务审计流程的智能化和自动化。

④ 与业务协同发展。AI 大模型促进业财一体化协同发展主要通过以下几个方面实现：首先，AI 大模型通过自动化和智能化的财务流程，提高财务工作的效率和准确性，使财务部门能够更快地响应业务需求，这包括自动化的会计核算、财务报告生成和风险评估等。其次，AI 大模型能够整合和分析大量的业务数据，提供更全面更客观的分析框架，帮助管理者做出更精准的决策，这涉及对会计核算、财务分析、税务管理、内外部审计等多个方面的深入应用。最后，AI 大模型

支持业财融合的深度发展，包括数智化场景预测、经营管理、评估诊断、改善跟踪，循环往复推动企业逐步迈向高质量发展。通过这些方式，AI 大模型不仅提高了财务处理的效率，还优化了财务流程，使得财务管理更加智能化和自动化，从而促进了财务与业务的协同发展。

⑤ 与公司战略协同发展。AI 大模型促进公司战略管理协同发展的方式主要通过提供深度的数据分析、精准的决策支持和优化的资源配置。AI 大模型能够分析海量的结构化和非结构化数据，帮助企业洞察市场趋势，优化战略规划。它通过自动化的报告生成和财务分析，提高财务活动的透明度和合规性，同时支持业财融合的深度发展，包括数智化场景预测、经营管理、评估诊断、改善跟踪。AI 大模型还能够实现业务数据与财务数据的深度融合，使财务部门能够更好地理解业务动态，支持企业快速响应市场变化，抓住新的商业机会。此外，AI 大模型在风险管理方面的能力，使企业能够提前识别潜在的财务风险，并采取相应的风险缓解措施，保护企业资产，确保财务稳定。通过这些方式，AI 大模型不仅提高了财务处理的效率，还优化了财务流程，使得财务管理更加智能化和自动化，从而促进了财务与业务的协同发展，推动了企业战略管理的高效执行和持续创新。

9.2 提升与增强财务服务能力

（1）提高财务会计管理水平

AI 对提升财务领域管理不仅体现在优化了财务管理流程，还拓展了财务管理的新形态 。通过 RPA 技术，AI 实现了财务票据的自动化识别、分类和记录，显著提高了工作效率并减少了人为错误 。AI 技术的应用使得财务报表的生成更加便捷和准确，传统的人工筛选分析工作现在可以快速由 AI 完成，为决策提供了强有力的数据支持。此外，AI 在风险管理与合规性检查方面展现出巨大潜力，通过深度学习，AI 能够识别潜在的风险和合规问题，帮助企业及时采取预防措施。在财务分析和报告自动化方面，AI 的应用进一步降低了风险并优化了财务运营。AI 的预测模型能够在短时间内审查大量数据集，提供即时且持续的数据趋势，实现实时监控和预测，为财务战略规划提供洞察建议。AI 技术还推动了财务职能的深刻变革、自动化日常任务、提升数据分析能力并加强战略洞察力，使财务团队的角色从传统的核算和报告转变为企业关键决策的支持者。总之，AI

在财务领域的应用不仅提高了效率和准确性，还为企业的可持续发展提供了有力支撑。

（2）增强财务会计用户体验感

AI技术的引入，极大地增强了财务用户的体验。这得益于其在自动化、个性化服务、风险管理、报告生成和客户支持等多个方面的革新。AI通过自动化日常的财务流程，如数据录入和账目核对，极大地提升了工作效率，减少了人为错误，让财务人员能够专注于更有价值的战略性任务。同时，AI的预测分析和风险评估能力使企业能够提前识别潜在的财务风险并采取应对措施，增强了决策的前瞻性和安全性。AI还能根据用户的特定需求提供定制化的财务建议，使用户能够更加精准地进行财务规划和管理。此外，AI在生成财务报告时的高效率和准确性，使用户能够快速获取关键的财务信息，从而做出更明智的决策。AI驱动的聊天机器人和虚拟助手全天候客户服务，为用户提供了即时的问题解答和操作指导，进一步提升了用户的满意度。总而言之，AI通过提高操作便捷性、增强决策支持、优化客户服务，全面增强了财务用户的体验，推动了财务管理向更智能、更高效的方向发展。

9.3 推动和促进财务变革与创新

AI技术的融入正在推动财务领域的深刻变革与创新 。首先，AI通过自动化流程，如账单处理、凭证录入和报销审批等，将财务人员从烦琐的重复性工作中解放出来，使他们能够专注于更高级别的财务分析和战略规划。其次，AI在数据分析方面的能力显著提高了财务报告的准确性和客观性，AI可以根据市场趋势和客户需求生成各类财务报告，满足不同行业和领域的需求。此外，AI在风险管理方面的应用通过分析大量数据和风险因素来识别潜在的风险和漏洞，帮助财务人员更好地管理公司风险，并及时采取措施防止潜在损失。AI技术还改变了财务人员的工作职责和技能需求，促使他们学习和掌握新的技能和工具，如数据分析、编程和机器学习等，以适应新的工作环境。最后，AI在客户服务方面的应用，如AI聊天机器人，能够提供24小时的客户支持，回答问题并指导用户完成各种财务任务，提升了客户体验。综上所述，AI不仅提高了财务工作的效率和质量，还为企业的可持续发展提供了有力支撑。

10. 路径与指南

数字化转型时代赋予了财会管理全新定位，研究重点应聚焦在人工智能对财会管理的重构上，以 AI 大模型为代表的人工智能技术可以视为“互联网 +”框架下的重要子模块，与大数据、区块链、物联网等技术构成了“全新梯队”。AI 大模型的应用已成为未来趋势，其具备什么样的应用前景，以及如何强化其赋能作用是我们需要思考的问题。

10.1 AI 大模型在财会领域的前景展望

随着大数据、人工智能、移动互联网等技术的快速发展，数智化已经成为推进高质量发展的重要路径。创新科技正在财会领域广泛应用并引发深刻变革，以 AI 大模型为代表的新一代人工智能技术，进一步打开了人们对财务管理变革的想象空间。回顾几十年的发展，财务会计领域经历了会计电算化、会计信息化、财务云化、财务智能化等多个阶段，每一个阶段都带来巨大的变化。AI 财会大模型的应用一方面拓展了财务职能，提升了业务数据和财务数据的获取和处理能力，财务决策与分析开始逐步向智能化迈进，另一方面也帮助财务人员更好地服务业务经营和管理创新，实现财务为企业创造价值、加速财会数字化转型。AI 大模型应用的最终目的是提升价值创造能力，这里总结了 AI 大模型时代财会领域的未来七大趋势，如图 10-1 所示。

趋势一：更加创新的工作场景。随着 AI 财会大模型与财务管理工作的逐渐融合，可以感受到，人工智能正在重塑行业形态和工作流程，未来的财务管理“数智化”将是一个由智能体连接的世界，快速替代以往的系统和软件。与此同时，RAG 将转变为 Agent，所有的财务管理流程都可以自动编排，从而实现“超级自动化”。曾经煞费苦心制定的各种制度和流程无形之中增加了管理成本与维护成本。在以模型为核心的决策分发的时代，流程的抽象形式将更为隐形，甚至不再需要被使用者看到。通过 AI 审批、AI 风控模型等细分化的能力，在进一步缩短流程、简化手续的同时，降低财会系统运营风险。

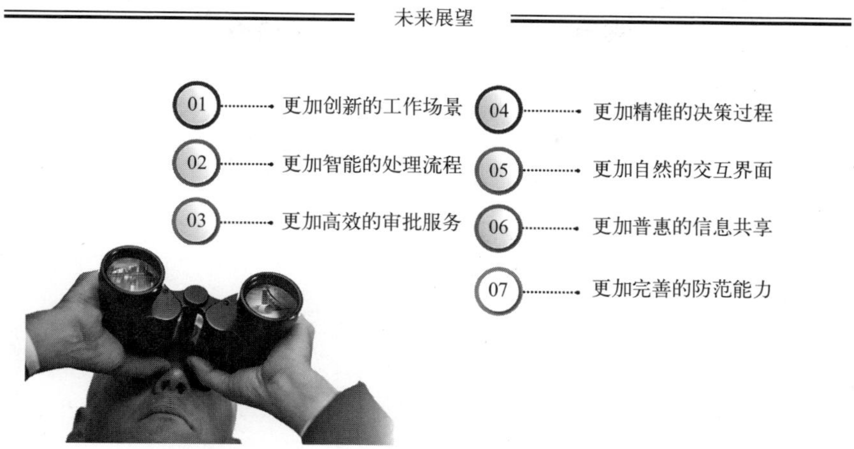

图 10-1 AI 大模型在财会领域的前景展望

趋势二：更加智能的处理流程。AI 大模型带来的先进技术可以自动识别和处理财务数据，如发票、账单、凭证等，通过计算机视觉技术，实现快速准确地录入，显著提高工作效率。AI 通过集成规则引擎与算法模型，实现银行流水与前端业务数据的高度匹配与自动对账。这一过程不仅简化了对账流程，还能实时检测潜在的异常交易，提前预警风险，有效提升单位的内部控制能力和资金安全性。财务工作的自动化、智能化升级，能为单位带来更高的运营效率、更精准的数据支持以及更强的决策能力，是实现数字化转型和可持续发展的关键驱动力。

趋势三：更加高效的审批服务。典型的是 AI+ 审批场景下，由 AI 代替人工做出正确的审批决策。过往人工审批时，经常会出现临时调整目的地，特价票不能改退，只能重新订票，紧急提交审批订单，等着上级和财务部门审批，如遇会议或者休息时间，经常会遇到难以沟通等诸多场景，而在 AI 审批的支撑下，AI 审批机器人助理可以全天候 24 小时实时响应、迅速审批，根据预置审批规则智能通过、驳回或提出补充资料需求，并帮助审批人提前发现单据中的各种问题，在出差申请通过后，还能自动根据出行目的寻找合适的酒店与机票。它将引领财务管理从电子化工具时代走向智能化工具时代，大大提高财务管理的审批效率。

趋势四：更加精准的决策过程。以往财会人员在编制计划、成本估算、投资决策时，受数据和主观经验影响较大，遇到复杂场景往往依靠经验判断，不同人员的决策会产生较大的偏差。新一代 AI 大模型通过提升效率、降低成本、提高洞察力和响应速度等措施，从日常自动化任务处理到深度数据预测洞察、决策赋能与风险管理，正在全方位地重新定义财务管理的边界和效能。随着财务数据的指数级增长，AI 大模型成为利用数据的强大工具。它不仅仅是处理和分析数据的工具，更是一种能够从数据中学习、预测和做出智慧决策的技术。数据驱动的决策因其准确性、迅速性和多维度分析能力而引领着当今财会领域的发展方向。

趋势五：更加自然的交互界面。在财会领域的应用显示，人机自然协同交互是 AI 大模型深度融入财务管理流程的一个显著标志。这种交互方式超越了传统的指令式操作，通过 AI 的深度学习、NLP 及语音识别与合成技术，实现系统对财务专业人员意图的深刻理解，进而实现高效、流畅的沟通，并快速准确地呈现处理结果，不仅能够接收指令，还能根据用户的反馈进行动态调整。如在报表数据查询、日常财务咨询等场景中，根据用户的进一步询问或澄清要求，逐步细化或修正答案，直至完全满足用户的需求。针对操作不便的特殊群体，提供相应的智能交互界面，还能根据用户的偏好、历史行为及当前工作场景，提供个性化的定制服务。

趋势六：更加普惠的信息共享。AI 大模型技术涉及的共享计划包括 AI 技术、数据和资源等方面的共享。在技术方面，共享计划旨在为开发者提供易于使用的 AI 工具和框架，促进 AI 大模型的推广和发展；在数据方面，共享计划提供公共数据集和标注数据，帮助开发者更好地训练和测试 AI 模型；在资源方面，共享计划提供计算资源、实验环境和培训课程，帮助开发者更快地开发和部署 AI 应用。信息共享的优点非常明显，它可以促进 AI 技术的普及和发展，让更多开发者和企业参与到 AI 技术的创新和应用中来，减少重复研发，节约时间和成本，增加 AI 技术的多样性和灵活性，为人类社会带来更多的福利。

趋势七：更加完善的防范能力。面对外部和内部环境的不确定因素时，智能化的大模型有助于预判财务风险，并将应对措施融入风险识别、风险评估、风险应对、风险监控等多个环节，通过报表分析法、指标分析法、AI 专家调查法等实现对风险和负面状况的预判与防范。与传统财务风险防范不同的是，AI 大模型有助于建立动态的评估调整机制，通过与金融机构、上下级单位、合作商、客户群体的数据交换，及时给出有针对性的防范意见，并根据实际效果进行调整和优化，为应对复杂多变的财务风险提供了有力的理论支持和实用工具。

10.2 关键成功因素

10.2.1 数据层面

在数字化时代，数据已经成为一种新型生产要素，被认为是第四次技术革命的关键资源。将数据作为重要的生产要素是我国首次提出的重大理论创新。习近平总书记指出，要发挥数据的基础资源作用和创新引擎作用，加快形成以创新为主要引领和支撑的数字经济。国家数据局领导在出席北大光华论坛发表的主题演讲中提出，要激活数据要素价值，推动“数据要素 ×”行动，通过数据多场景应用提高资源配置效率，创造新产业新模式，培育发展新动能，推动数字经济发展进入激活数据要素价值的新阶段，为我们思考在构建 AI 财会大模型中如何发挥数据层面的作用指明了方向。

（1）数据来源

收集大规模的高质量数据集是一个复杂但至关重要的过程，涉及不同的步骤和策略，以下罗列了常用的几个步骤方法：

① 明确收集目标。首先，需要明确所需数据的类型，如文本、数值、图像、音频、视频等，以便后期整理归集；其次，要明确数据来源的领域，确定数据所属的行业分支，如财会、金融、教育等，以便更有针对性地收集；此外，还要明确收集数据的具体要求，如质量方面的要求、对完整性的要求、是否具备时效性等，需要提高数据收集的效率。

② 利用公开数据源。常见的公开数据源类型有在线数据库和平台，如 Microsoft Azure SQL、Google Dataset Search、TencentDB for MySQL 等，提供了大量公开的、高质量的数据集；可查阅政府开放数据，许多国家和地区的政府都提供了开放数据门户，涵盖了经济、会计、审计等多个领域的数据，这些数据源通常具有较高的权威性和准确性；学术机构和研究机构也常公开一些数据，如研究成果相关的数据集，这些数据集往往经过严格的质量控制和清洗。

③ 利用自建或代建系统。如果单位规模较大，且具备一定的技术实力和资源收集能力，可以选择自建或者邀请第三方代建数据采集系统，通过编写数据采集脚本和程序，实现自动化的数据采集和清洗过程。这种方法具有较高的灵活性和可控性，但磨合过程也需要投入较多的时间和资源，收集期限往往比较长。

④ 借助爬虫技术。网络爬虫是一种按照一定的规则，自动地抓取万维网信息的数据或者脚本。通过编写爬虫程序，可以自动化地从互联网上抓取所需的数据，这种方法适用于需要从多个网站或网页收集数据的场景，但数据来源有一定的局限性，需要根据目标网站的结构和数据格式，制定合适的爬虫策略，包括设置合适的爬取频率、处理反爬虫机制等。

⑤ 合作与购买。通过外部合作，与外部数据提供商合作，获取来自政府部门、社交媒体、金融机构等的数据。这种方法能够扩大数据的来源范围，增加数据的多样性和丰富性。数据购买也是一种方式，对于某些特定行业或高质量的数据集，可能需要从数据供应商处购买，在购买前需要仔细评估数据的质量、价格以及供应商的信誉。

⑥ 参与众包项目。众包项目是一种集众人之力共同完成任务的方式，也是获取数据的途径之一，通过参与众包项目，可以获取到由大量用户生成的高质量数据。为了给机器学习提供充足的数据进行训练和验证，需要大量的原始数据和标准化数据，提供数据众包服务的平台也就应运而生。目前主流互联网公司基本都有了自己的数据众包服务平台：百度数据众包平台、阿里人工智能众包（公测）、腾讯数据标注采集服务等。

（2）数据要求

在 AI 大模型的搭建训练过程中，虽然对数据规模要求较高，但并非来者不拒，需要的数据通常具备以下几个关键特点：

① 高质量。高质量的数据是训练大模型的基础。数据中的重复、错误、噪声或不相关信息可能会对模型的训练效果产生负面影响。因此，需要对数据进行严格的质量控制，包括去除重复数据、过滤低质量内容等，以确保模型能够学习到准确、有用的信息。

② 大规模。大模型的训练需要大量的数据支持。数据的规模通常以数十亿到数千亿个 tokens（单词、标点符号或其他语言单位）来衡量。例如，GPT-3 的训练数据就包含了约 3000 亿个 tokens。这种大规模的数据集能够使模型学习到更丰富的语言特征和知识，从而提高其性能。

③ 多样性。为了使大模型能够适应不同的应用场景和任务，训练数据需要具备多样性。这包括来自不同领域、不同语言、不同风格等多种类型的数据。通过多样化的数据集，模型能够学习到更加全面和广泛的语言知识和特征，提高其泛化能力。

④ 时效性。随着 AI 语言和数据的不断发展变化，训练数据也需要保持一定

的时效性，过时的数据可能无法反映最新的语言用法和知识，从而影响模型的性能和效用。因此，需要定期更新训练数据，以包含最新的信息。更高层面的 AI 大模型还具备前瞻能力，通过分析现有财务报告和各类数据指标，评估未来预期情况，有助于在企业经营、金融投资等方向提供决策参考。

⑤ 专业性。对于财会特定领域的大模型（如审计、会计等），训练数据还需要具备专业性，这包括该领域的专业术语、政策、规范、案例等，以确保模型能够准确理解和有针对性地处理该领域的任务。在支持精准决策方面，AI 大模型通过预测分析和模式识别，帮助决策者了解潜在的风险和收益。

（3）数据归集与处理

数据归集指的是将来自不同来源的数据集中存储在一个统一的位置或平台上的过程。这个过程包括从不同系统、应用程序、设备或传感器中提取数据，并将其转移到一个中央数据库、数据仓库或数据湖中。数据归集的目的是集中管理和存储数据，以便后续的数据分析、数据挖掘、业务智能和决策支持等任务。通过数据归集，用户可以方便地访问和分析各种来源的数据，从而获取更全面、准确的洞察力。在数据归集后，还要进行后期处理：

① 设置访问权限。实施严格的访问权限控制机制，确保只有经过授权的人员才能访问敏感数据。这包括设置不同的访问级别，如阅读、编辑、删除等，并根据人员角色和职责分配相应的权限。加强用户身份验证流程，采用多因素认证（MFA）、生物识别等先进技术，确保用户身份的真实性，防止冒充登录。

② 数据加密。一方面是对存储在数据库或文件系统中的数据进行加密，确保即使数据被窃取，也无法被轻易解密；另一方面是传输加密：在数据传输过程中使用加密技术，如 SSL/TLS 协议，确保数据在传输过程中不被截获或篡改，确保使用过程的安全性。

③ 分类与标记。首先要对数据进行分类分级，根据数据的机密程度和敏感程度将其分为不同的等级，如公开、内部、机密等，分门别类进行管理；对一些敏感数据，进行专门标记，以便在处理和传输过程中能够识别并采取相应的有效措施。

④ 备份与恢复。定期备份重要数据，以防止数据丢失或损坏。备份数据应存储在安全的位置，并定期进行恢复测试以确保其可用性；制定数据恢复计划，以便在发生数据泄露或其他安全事件时能够迅速恢复数据和服务，提前做好应对“黑天鹅”事件的准备。

10.2.2 技术层面

数据被誉为“21 世纪的石油”，要释放数据要素价值，离不开一体化算力和算法体系的支撑和科技深度赋能。近年来，以 ChatGPT 为代表的人工智能技术发展，引发了全球 AI 算力和算法需求的进一步增长。

① 算力。算力是人工智能系统实现高效、准确处理任务的基础，在深度学习等复杂 AI 应用中，模型的训练和推理过程需要消耗大量的计算资源，因此，提升算力水平是加速 AI 技术发展的关键途径之一。当前，全球算力水平正以前所未有的速度提升。以高性能计算（HPC）、云计算、边缘计算等为代表的先进计算技术不断涌现，为 AI 应用提供了强大的算力支持，同时随着半导体技术的不断进步，芯片的计算性能也在不断提升，进一步推动了 AI 算力的提升。针对面临的能耗高、成本高、资源分配不均等挑战，研究者们正在探索更加高效、绿色、可持续的算力解决方案。例如，通过优化算法减少计算量、采用新型低功耗芯片降低能耗、发展分布式计算提高资源利用率等。未来，随着量子计算等前沿技术的突破，AI 算力将迎来更加广阔的发展空间。

② 算法。算法是人工智能技术的核心，它负责将原始数据转化为有价值的信息和决策依据。无论是深度学习、自然语言处理、计算机视觉还是强化学习等 AI 技术，都离不开先进算法的支持。得益于算法的进步、计算能力的增强及大数据的积累，人工智能技术的成熟度近年来有了显著提升，数智员工、规则引擎、机器学习、自然语言处理、计算机视觉等关键技术已进入较为成熟的应用阶段，基于 AI 大模型的生成式应用、智能体构建等技术处于探索实践阶段，依托财会数据与信息化现状，推动大模型生成式应用的落地实践。

③ 硬件。目前，美国在 AI 硬件核心制造能力上长期处于领先地位，但中国在 AI 硬件领域已不再是简单的模仿和追赶，而是正在走出一条以应用市场为牵引、软硬件协同创新、积极构建自主生态的独特发展路径。

10.2.3 交互层面

在人类智慧的宝库中，有一种独特的技能熠熠生辉，那就是我们仅凭口头或书面指令就能迅速执行新任务，并通过语言描述引导他人精准复现这一过程的能力。这种强大的沟通能力不仅是人类社会协作的基石，更是我们在生物界中独树一帜的标志。然而，复制并赋予 AI 大模型同样的认知能力，一直是科研人员面临的重大挑战。

① 交互方式。随着 AI 财会大模型逐渐普及，大家意识到，人与模型之间便捷、高效的信息交互方式的需求正在日益增长。传统的交互方式如文字输入、系统操作等，在现代场景下效率显得低下。AI 交互系统的出现，旨在通过科技创新，为人们提供更加便捷、高效的智能对话体验。典型的几种方式有：通过自然语言处理技术，实现对用户语音的智能理解，理解用户的意图和需求；基于自然语言处理技术，AI 大模型交互系统能够生成自然流畅的回复，与用户进行智能对话；根据用户的对话内容和日常偏好及行为，为用户提供个性化的推荐和服务；实现不同设备、不同平台间的交互，如手机、电脑、智能设备等。

② 交互特点。首先是提高传统交互的便捷性，用户可通过语音输入，实现信息的快速录入，无须手动操作；其次是高效性，AI 大模型技术能够实时处理语音输入，提高信息处理的效率；系统能够根据用户语音的特点，实现个性化的智能对话；系统采用加密技术，确保用户语音数据的安全。

10.2.4 安全层面

在赋能新质生产力发展的同时，AI 大模型在相关领域的安全风险也在全球范围内引发了高度关注，计算机领域的国际最高奖项——图灵奖得主杰弗里・辛顿以及 OpenAI 公司 CEO 萨姆・奥尔特曼等领军人物，都曾通过声明或文章联名发出警告，指出这些模型可能带来的“毁灭性”风险，并将其与流行病以及核战争相提并论。没有大模型的安全，就无法保障大模型技术和产业的健康快速发展。

① 合规性审查。安全层面首先要通过合规性检查，定期进行合规性检查，确保 AI 大模型的数据收集、处理、存储和传输活动符合相关法律法规的要求。截至目前已经有数十个国家先后发布了与人工智能相关的国家战略和法规文件，2024 年 8 月起，欧盟《人工智能法案》生效，这是全球首部全面监管人工智能的法规。对国内而言，必须遵循《中华人民共和国网络安全法》《中华人民共和国个人信息保护法》等相关法律法规，在财会领域，除了经济法、税法等适用的法律法规和制度准则外，各单位往往还有自己内部的会计政策和操作要求等，需要考虑到个性化的合规性审查要求。

② 隐私保护。AI 大模型依赖于大量的用户数据进行学习和优化，这在提高

服务效率的同时，也加大了数据泄露和滥用的风险。财务数据往往包含个人身份信息、公司流水数据等，构建可靠的 AI 隐私保护机制，既是维护个人权益的必要举措，也是确保 AI 技术健康发展的基石。制定并执行相关隐私政策，明确告知用户数据收集、使用、存储的目的、方式和范围，并征求用户同意，避免隐私泄露带来的风险，部分单位内部的制度还存在一定的保密性要求，在模型参数训练时要进行有针对性的改进。

③ 伦理和价值观。随着 AI 大模型在决策和人机交互方面影响力的扩大，需要审慎思考和讨论其背后的伦理和道德问题。例如，模型的决策是否应该受到人类的监督和干预、模型是否应该具有道德判断和责任感、如何平衡技术的效益和风险、人类的自主性和权益体现在哪些地方，这些问题需要集合多方的智慧和参与进行广泛的讨论和共识建设。

综上，AI 大模型成功的关键因素如图 10-2 所示。

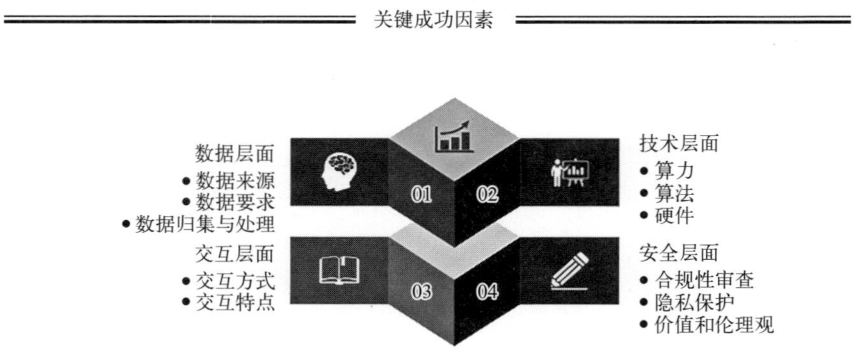

图 10-2　AI 大模型成功的关键因素

10.3　实践中的建议与指南

基于上述讨论和分析，结合其他领域新技术的应用历程，我们应该对 AI 大模型在财会领域的应用持乐观且谨慎的态度，但在以下几个方面仍需注意，如图 10-3 所示。

① 关注价值体现。不论是政府主导的社会服务职能，还是企业和社会主导的经营与治理职能，都需要满足被服务客体的利益、需求和目标，AI 大模型构建的价值内涵和价值取向可以是以人为本、需求导向、符合法规与伦理等方面。价值体现是否合理，关系着 AI 大模型是否能真正为人类提供服务，甚至关乎意识

形态安全乃至国家安全。原生价值观、目标价值观、普适价值观是AI大模型价值选择。

实践中的建议与指南

图10-3 AI大模型实践的建议与指南

② 关注准确程度。结果的准确性与算力、算法和数据的来源以及训练过程都息息相关，是一个非常重要但是难以保证的因素，任何模型都不能保证百分百准确的结果，仍需在大量的训练过程中进行调整，数据的抓取也存在一定随机性和泛化性，甚至不同模型间的精准决策也存在一定偏好。

③ 关注使用成本。实际应用中，财会部门往往会通过购买厂商服务或者自行维护的方式来使用AI大模型，购买服务的一次性投入较高，能够获取专业技术的支持，但后期可能还会根据流量、时间和具体服务项目收费；自行维护除了前期一次性投入外，但后期还需要人力和技术层面的投入，也是一笔不小的开支，需要结合应用需求、技术能力和团队预算整体考虑。

④ 关注安全风险。AI大模型时代，各种尖端技术和智能功能为财会工作提供了便利，但目前相关法律法规对安全风险方面未作出明确要求，应急处置机制也接近空白，开发者和使用者的权利义务不够清晰，如何保护用户及单位的隐私和数据安全也处于探索阶段，针对AI大模型的安全监管仍需加强。

总体来看，尽管AI大模型在财会领域的应用面临一系列挑战，如算法结果有误差、总体使用成本偏高、安全性不够等，但通过制度的不断完善，技术的持续创新和经验的日益成熟等措施，这些挑战会逐渐迎刃而解，AI大模型产业应用落地将进一步提速。未来，人工智能技术的完善将为AI大模型在财会领域的应用带来更多的创新点，提供更高效、更准确、更可靠的财会服务，为推进数字中国建设、培育新质生产力、助力财务管理工作高质量发展注入更多动能与活力。

参考文献

[1] Weng, Q., Liu, R., Tao, Z., 2022. Forecasting Tesla's Stock Price Using the ARIMA Model. PBES 5, 38-45.

[2] Ding, Z., 2023. Sales Forecast of New Energy Vehicles in China Based on LSTM Model. FBEM 10, 47-49.

[3] Lee, H., Kim, S., Choi, Y., 2020. Automated Text Summarization for Financial Reports Using Natural Language Processing. Journal of Financial Data Science 8, 45-58.

[4] Chen, J., Zhang, L., Liu, Z., 2022. Deep Learning for Financial News and Report Summarization. IEEE Transactions on Knowledge and Data Engineering 34, 567-579.

[5] Liao, C., Zhang, H., 2019. Sentiment Analysis of Financial Reports Using Natural Language Processing. Journal of Financial Markets 45, 12-29.

[6] Bolen, J., Mao, H., Zeng, X., 2017. Predicting Stock Market Movements Using Financial Reports Sentiment Analysis. Proceedings of the 21st ACM International Conference on Information and Knowledge Management 21, 1234-1242.

[7] Wang, W., Xu, B., Wu, M., 2021. Anomaly Detection in Financial Time Series Using Deep Learning Techniques. Expert Systems with Applications 172, 114865.

[8] Yang, H., Zhang, S., 2020. Financial Data Anomaly Detection Using Machine Learning. Computational Economics 55, 367-384.

[9] Galassi, M., Said ani, M., 2021. Financial Forecasting with Machine Learning: A Survey. Computational Intelligence 37, 318-335.

[10] Shen, D., Tan, W., 2020. Predicting Financial Performance Using Deep Learning: A Case Study on Earnings Prediction. Journal of Forecasting 39, 88-103.

[11] Li, M., Zhou, W., 2022. Automatic Financial Report Generation Using Natural Language Processing and Machine Learning. Journal of Data Science and Technology 12, 78-91.

[12] Li, J., Li, L., 2021. Financial Distress Prediction with Deep Neural Networks. Journal of Financial Economics 35, 121-134.

[13] Zhang, Y., Zhang, Y., 2020. Predicting Financial Distress Using a Combination of Machine Learning Models and Financial Ratios. International Journal of Financial Engineering 9, 450-467.

[14] Ahmed, I., Xie, F., 2022. Anomaly Detection in Corporate Financial Data: An Application of Isolation Forests. Journal of Financial Risk Management 12, 65-80.

[15] Kim, Y., Lee, H., 2020. Detecting Financial Anomalies in Real-Time: A Machine Learning

Approach. Financial Analysis Journal 29，103-115.

[16] Jiang，H.，Zhang，L.，2020. Bankruptcy Prediction Using Machine Learning：A Comparative Study of Classifiers. Computational Economics 56，315-335.

[17] Wei，J.，Shen，L.，2021. Financial Distress Prediction Using Random Forest and SVM：An Empirical Study of U.S. Firms. Journal of Corporate Finance 64，178-194.

[18] Chen，H.，Xu，Y.，2020. Predicting Financial Distress via Time Series Analysis Using LSTM Networks. Financial Engineering and Risk Management 11，45-58.

[19] Xu，Z.，Wang，Q.，2021. Predicting Corporate Liquidity Crisis with Deep Learning Models：A Case Study on Cash Flow Forecasting. Journal of Computational Finance 19，76-92.

[20] Liu，B.，Guo，H.，2021. Financial Sentiment Analysis Using Text Mining：A Case Study on Financial Distress Prediction. Journal of Financial Markets 14，52-64.

[21] Zhou，Y.，Li，W.，2021. Real-Time Financial Distress Detection and Early Warning System Based on Machine Learning. Journal of Risk and Financial Management 14，211-225.

[22] 廖高可，李庭辉 . 人工智能在金融领域的应用研究进展 [J]. 经济学动态，2023，(03).

[23] 刘志熊 . 生成式人工智能赋能普惠金融：现实基础、关键基础挑战与应对政策 [J]. 人民论坛，2024，(03).

[24] 戴磊 . 商业银行操作风险管理研究 [J]. 全国流通经济，2021，(02).

[25] 刘金瑞 . 生成式人工智能大模型的新型风险与规制框架 [J]. 行政法学研究，2024，(02).

[26] 蔡琨鹏 . 人工智能在乡村企业财务审计风险防范中的应用策略 [J]. 产业创新研究，2024，(03).

[27] 程昊，杨佳铭 . 信用风险模型的演进与发展 [J]. 中国金融，2024，(07).

[28] 李冰颖，李佳瑞，江燕燕，等 . 人工智能技术融入会计专业人才培养的研究 [J]. 互联网周刊，2024，(03).

[29] 网易（杭州）网络有限公司 . 风险管理方法、装置、设备和储存介质 201910288129.X.2019 年 4 月 9 日 .

[30] 河北建设集团 . 以“智”取胜 数字化转型迈出坚实步伐 [N]. 中国经济时报，2024，(08).

[31] 王磊 .ZX 金融租赁有点公司流动性管理研究 [D]. 北京：北京交通大学，2019.

[32] 张明欣，刘新言，吴卫星 . 大学生村官与农村家庭金融市场参与 [J]. 财经问题研究，2024，(02).

[33] 赵磊 . 以数智化手段助力企业资金风险管控 [J]. 施工企业管理，2024，(07).

[34] 孙景安 . 积极资产组合管理研究 [D]. 北京：中国人民大学，2016.

[35] 应对多重挑战“AI+ 金融”往何处去？ [N]. 金融时报，2023，(12).

[36] 张海莉 . 财务收支计划的灵活性与应对市场波动的能力研究 [J]. 财讯，2023，(05).

[37] 中小银行试水大模型风控应用调查：强调“使用性价比”赋能自主风控能力升级 [N].21 世纪经济报道，2023，(12).

[38] 西南石油大学 . 一种油田运营风险高维评估方法 201610279190.4.2016 年 4 月 27 日 .
[39] 施足"金融底肥"银行助春耕"藏粮于技"[N]. 中国经营报，2024，(03).
[40] 刘军，李玮 . 大数据背景下高职院校财务管理系统优化研究 [J]. 行政事业资产与财务，2024，(04).
[41] 刘方 . 双汇实业集团有限公司发展战略研究 [D]. 天津：天津大学，2001.
[42] 蔡倩倩 . 互联网企业多元化发展的财务风险研究 - 以美团为例 [D]. 北京：对外经济贸易大学，2021.
[43] 金融行业如何利用 AI 律师来提高合规性和风险管理 [EB/OL].2024，(10).
[44] 德勤可信 AI 监管框架助力银行业风险管理 [EB/OL].2024，(08).
[45] AI 时代的金融安全挑战：深度伪造与身份验证的攻防战 [EB/OL]2024，(11).
[46] 大模型应用在金融领域的风险分析与防控 [EB/OL]2024，(04).
[47] 花旗警告：AI 当道，金融当"危"[EB/OL]2024，(07).
[48] AI 大模型在金融行业的应用前景及潜在影响分析 [EB/OL]2024，(07).
[49] 刘勤，赵燕锡，韩向东 . 人工智能大模型技术财务应用蓝皮书 [M]. 智能财务研究院，2024.
[50] 丁华能 . 企业财务管理金融投资风险及其防范措施 [J]. 企业与经济，2024，(07).
[51] 廉梦杨 . 大数据背景下供应链金融风险管理策略研究 [J]. 环渤海经济瞭望，2024，(07).
[52] 孔春华 . 农商银行信用风险管理问题及优化策略 [J]. 金融探索，2024，(07).
[53] 潘慧娟 . 信用风险管理在应收账款控制中的重要性 [J]. 管理科学，2024，(02).
[54] 张雪改 . 新三板挂牌企业 IPO 前的财务风险管理研究 [J]. 财会管理，2024，(03).
[55] 吴嘉 . 优化财务内控体系 有效防范财务风险 [J]. 中国商界，2024，(02).
[56] 武树艳，金子纯，李东玉 . 基于共享中心模式下的财务数字化转型建设及应用实践探究 [J]. 财会管理，2024，(05).
[57] 吴勇，王慧，李亚妮，等 . 基于 IPA 的审计应用：概念辨析、运行机理与流程框架 [J]. 中国注册会计师，2024，(09)：85-93.
[58] 杨朋伟 ."大智移云物区"在审计中的应用探讨 [J]. 财会通讯，2024，(19)：143-147.
[59] 赵宇凌 . 浅谈 AI 在财务管理领域中的应用及挑战 [J]. 中国乡镇企业会计，2024，(4)：59：61.
[60] 徐荣华，何小宝，王祥，等 . 经济责任审计定责与评价：内在关系、存在问题及对策 [J]. 财会通讯，2022 第 19 期，15-20.
[61] 刘锦 .AIGC 技术在国家审计中的应用 [J]. 审计研究，2024，(4)：18-29.
[62] 白晓红，季瑞华 .AI 对审计工作深度影响研究——基于 AI 对注册会计师行业审计影响与应对的视角 [J]. 审计研究，2024，(4)：56-64.
[63] 王世杰，刘峰 . 大型语言模型对会计未来发展的影响 [J] 财务研究，2023，(4)：40-49.
[64] 智能财务研究院 . 人工智能大模型技术财务应用蓝皮书 [M]. 北京：立信会计出版社，2024.

[65] 王攀娜，吴悦，王唯，等 .ChatGPT 与会计变革：理论框架、应用场景及应对策略［J］. 重庆理工大学学报，2022（37）：135-136.

[66] 程平，朱仔耘，付元承 . 基于 ChatGPT 的智能财务报告研究 [J] 财会月刊，2023，44（16）.

[67] 王泽霞，程佳乐，李飞 . 数字经济下的会计变革与创新 [J] 杭州电子科技大学学报，2022（8）：1-7.

[68] 孙凝晖 .《人工智能与智能计算的发展》[C]. 十四届全国人大常委会，北京，2024.

[69] 张志国，张真，张树辉，等 . 生成式财务大模型在财务报告体系中的应用探索 [J]. 财政监督，2024，(06)：99-104.

[70] 钟小蕾 . 人工智能背景下制造企业财务数字化转型的路径研究 [J]. 财会管理，2004，(02)：88-91.

[71] 张怡辰 . 人工智能背景下企业财务会计数字化转型研究 [J]. 财会学习，2024，(29)：106-108.

[72] 郜建豪，刘秀丽 . 数字化管理时代重构我国的财会管理——评《智能时代财务管理》[J]. 管理世界，2020，36（10）：217.

[73] 李泓 . 人工智能大模型助推智能财务新发展——上海国家会计学院智能财务高峰论坛综述 [J]. 新会计，2024，(03)：37-41.

[74] 陈植 . 当 AI 颠覆传统会计职能智能财务前景几何 [N].21 世纪经济报道，2023-07-11（008）.

[75] 方世巧，黄仁洲 . 科技创新、数字经济与旅游业高质量发展耦合协调及其驱动因素 [J]. 资源开发与市场，2024，40（06）：882-891.

[76] 李素丽 . 财务风险管理及防范对策研究 [J]. 中国集体经济，2024，(24)：149-152.

[77] 黄楠，李竹伊，李雪岩，等 . 管理学研究中的大数据：科学问题与未来发展 [J]. 南开管理评论，2024，27（07）：74-85.

[78] 李政葳，刘昊 .AI 大模型大有可为 [N]. 光明日报 . 2024-08-09（9）.

[79] 郭全中，张金熠 .AI 向善：AI 大模型价值观对齐的内容与实践 [J]. 新闻爱好者，2023，(11)：19-24.

后记

本书的撰写工作历时一年有余，在全体作者的共同努力与协作下终于顺利完成。作为一部聚焦人工智能技术与财会实务融合的前沿著作，本书从构思、框架设计到内容撰写、案例整合，凝聚了每一位参与者的智慧与心血。在此，我们谨对全书的成稿过程、人员分工与合作体验作一回顾，并向本书写作团队和所有支持本书完成的研究生同学致以诚挚谢意。

全书共分为 10 章，由高校教师与行政机构、企业专家共同完成。徐荣华、余冰冰、吕阳负责制定本书大纲和组织、策划专著撰写。各章节具体分工如下：第 1 章“引言”由徐荣华撰写，从宏观层面勾勒出数字化转型与 AI 大模型对财会领域的整体影响；第 2 章“人工智能大模型基础”由马萱怡执笔，系统阐述技术原理与多领域应用背景；第 3 章“财务预测”由余冰冰负责，聚焦预测模型的构建及 AI 赋能路径；第 4 章“风险管理”由徐璐撰写，深入剖析 AI 在信用、市场与操作风险中的实践应用；第 5 章“智能审计”由乌舒凌、曹可磊完成，探讨 AI 如何重构审计流程并提升效能；第 6 章“自动化账务处理”由朱慧敏负责，系统梳理智能账务系统的技术架构与实施案例；第 7 章“会计决策”由何小东撰写，分析 AI 在复杂决策环境中的辅助价值；第 8 章“技术挑战”由施爱芬执笔，理性审视数据隐私、可解释性与系统整合等关键问题；第 9 章“未来发展趋势”由郑国芳完成，展望 AI 大模型在财会领域的发展方向；第 10 章“路径与指南”由张钟开撰写，提出具有前瞻性的实践建议与发展路径。在本书的编写过程中，我们深刻体会到跨学科合作的力量。来自财会、信息科学、人工智能等不同背景的作者们，通过多次线上研讨、线下互审与联合修订，逐步构建出技术逻辑与业务场景深度融合的内容体系。每一章都经历了多轮观点碰撞与内容打磨，力求在技术严谨性、案例代表性与表达可读性之间取得平衡。本书的顺利完成，离不开各方支持。我们衷心感谢所在高校和单位提供的科研环境与资源支持，使作者团队得以深入企业调研，获取大量真实案例与业务场景。特别感谢多位同行专家在审稿过程中提出的宝贵意见，他们的专业建议显著提升了本书的学术质量与实践指导价值。此外，还要感谢编辑团队的细致校对与专业指导，使本书在内容组织与语言表达上更加完善。在撰写过程中，我们也得到了家人与同事的理解与支持。正是他们的默默付出与不断鼓励，使我们得以在繁重的教学、工作与科研之余，专注投入本书的撰写与修订。戴欣瑜、汪雨晴、胡慧聪、张未悄、潘海婷等研究生负责提供相关资料，并参与书稿校对，对他们的辛勤付出表示诚挚谢意。

当前，人工智能正以前所未有的速度重塑财会行业的未来。我们希望本书不仅成为高校理论研究者、财会从业者、企业管理者与国家审计机构人员理解 AI 大模型的一扇窗口，更能激发广大财会审计人员深入探究技术融合、组织变革与伦理构建的热情。由于 AI 技术发展日新月异，加之时间仓促，书中内容难免存在不足之处，恳请广大读者不吝指正，共同推动智能财务的理论创新与实践发展。

谨以此书，献给所有致力于推动中国财会行业数字化与智能化转型的同行者。